営業を変える
マーケティング組織の
つ

アナ
デジタルマーケティングへ変革する

上島千鶴
kamijima chizuru

技術評論社

はじめに

書籍を手にとっていただきありがとうございます。

みなさまの会社や所属している企業で、営業・生産・技術・管理と言えばどのような業務を担っている職種か、どのような役割の組織か、おおよそ回答できると思います。では、「マーケティング」と聞いて何をするのか、役目は何か、明確に答えられるでしょうか。

「いや、知っているよ、わかっている」という方は、次のような回答ではないでしょうか。

・販売を促進するプロモーション活動のこと
・展示会を運営する組織
・市場開発部や調査部のこと

「マーケティング」という言葉自体は外来語ですが、人によって意味するものが違うことが多く、会話をするうえで非常にやっかいです。

さらにデジタルを付けて「デジタルマーケティング」と言うと、

「ＳＮＳの公式アカウントを開設するの？」

「Ｗｅｂマーケティングと何が違うの？」

「メルマガでも始めるの？」

と聞かれるのが落ちでしょう。

このコロナ騒動で、デジタルマーケティングの取り組みにいっそう拍車がかかった企業も増えたかと思います。経営会議で「来期から我が社も本格的にデジタルマーケティングに取り組みます」と報告した結果、本質を理解していない経営陣の期待値は最高潮に上がり、「成果に期待できそうだ」「積極的に投資しようじゃないか！」という空気感になっているのではないでしょうか。しかし、予算を割きつつ、3年経ってもなかなか成果が出なくて悩む企業をたくさん見てきました。組織を作っては解散し、を3年単位で何度も繰り返している企業もあります。定義が曖昧な「デジタルマーケティング」と、人によって意味が違う「新規案件」、この言葉の組み合わせが、どれだけの経営陣の妄想を駆り立て、空夢を見せたことでしょうか。

最近は、デジタル（データ）を活用し、ビジネスモデル自体を変えるという「デジタルトランスフォーメーション（ＤＸ）」とともに、デジタルマーケティングに対する期待値や投資額も増えています。しかし、ＤＸに取り組む企業の多くは、〝業務効率化〟や〝生産性向上〟という目的が主体でしょう。最終的に製品価格や、お客さまにとって価値ある新しいソリューションに循環されればいいのですが、顧客視点でのマーケティングＤＸに取り組む企業はほんのわずかです。

ＤＸ推進室を設置した企業に伺いますが、今のＤＸプロジェクトの参画メンバーにマーケティング脳を持っている方は参加されていますでしょうか？

「自社にとって、お客さまとはだれか？」
「何のために取り組むのか？」
「デジタルタッチポイントやデータをどう事業に活用するのか？」

そういった議論が抜け落ちていないでしょうか？

営業が会う前にすでにデジタル接点が存在し、コロナ前のように対面で直接会う機会が減った今、自社における顧客の定義、顧客との向き合い方、顧客と接点を持つ組織体制、コミュニケーション方法、デジタル接点データの活用範囲などを見直すタイミングにきていることは確かです。しかし、「ツールを入れれば解決する」という手段や方法論ばかりを追いかけている企業は、「Ｗｈｙ（理由）」がなければ途中で息切れし、失敗に終わります。着実に成果を出している企業には、コロナ前から

・今の組織体制や売り方では成長することはできない
・グローバル化で生き残るには日本独自のやり方では不可能だ
・無名な別業態から競合が出てきて、自社のシェアが侵食されつつある

など経営陣やマネジメント層の危機感が何かしら存在します。その危機感は、上層部だけでなく、現場まで広く伝わっているのが特徴です。Ｈｏｗを追いかける前に、なぜ取り組む必要があるのか、明確なＷｈｙがあります。

動機や原動力の前提となる理由があり、デジタル接点やデータを活用した新しい仕組みやマーケティングに取り組むことによって、結果的に

・組織や体制・配置替えをすることになった
・人材教育に投資するようになった
・現場の意識も変わっていった

などのプロセスを経て、顧客を中心に徐々にビジネスモデル自体が変わっていくという順番が現実解です。
「自社の業態を180度変えよう！　発想の転換だ」と、明確な将来ビジョンや社会的使命（パーパス）を社長自ら打ち出し、トップダウンで進められる企業はまだ幸せです。現場が納得できるかは別として、会社の中長期戦略や将来ビジョンについていき、自身の考え方や行動・習慣を変えるだけですから、比較的容易です。しかし、現場の課長クラスの中間層からボトムアップで進めることは、上司や部下の意識、他部門の意識を変えることに近いため、ひと筋縄ではいきません。過去の成功体験や固定概念をくつがえすためには、「目から鱗」とだれもが思うような成功体験や刺激が必要で、息の長い地道な取り組みを続けるしかないのです。

私はさまざまな現場のマーケティングプロジェクトに伴走するなかで、マーケティング組織の立ち上げや組織成長には、傾向として世代が5つに分かれることを見出しました（マーケティング組織5世代モデル®）。これからどのように進めていけばいいのか、どうしたら成果を出し続ける強い組織にできるかをまとめたのが本書です。

横文字はできる限り日本語にしましたが、訳すと本来の意味が伝わらないものはそのままカタカナで使用します。マーケター職より、執行役員や事業部長クラス、営業職の方に広く読んでいただきたいと思います。

末筆ながら、書籍として世に出す機会をくださった技術評論社に心から感謝いたします。

令和3年3月　上島《かみじま》千鶴《ちづる》

目次

1章

4章

序章

昭和型の営業、その先へ

マーケティングの定義は〝迷宮入りした未解決事件〟？

「営業職」といえば何をする職種か、細かな違いはあっても、ビジネスパーソンであれば答えられない人はいないでしょう。「営業」の定義を恐れずに書くと、以下になります。

「お客さまの課題や悩みを引き出し、解決するために自社商品やソリューションによって価値を提案し、契約に至るまで、（売上に）責任を持つ組織、または職種のこと」

仮に、「会社の売上目標に対して、責任を持って達成する職種」と答える営業がいたら、新人レベルです。プロ意識を持つ営業は、「お客さまの理想やビジョンを実現するため、継続的に価値を作りだし、成果が出るまで責任を持つ職種」と答えます。視座が数段上になります。

某企業でヒアリングした、ある営業の素晴らしい回答例を紹介します。

お客さまの

①抱えている課題や実現したいビジョンを明確にし

②課題を解決できる商材やソリューションを提供し、
③実現したいビジョンや成果が出るまで伴走し、
④お客さまの先にいるエンドユーザーさままでが満足し、
⑤お客さまのビジネスの価値が上がること
に喜びを感じる。

さらに言えば、担当者が社内外から評価されて、昇格できた時ほど達成感が出る。

つまり、成約して終わりではなく、実現・成功するまで責任を持っている意識が伺えます。クラウド（SaaS、「サーズ」と読む）サービス業界では、営業ではなくカスタマーサクセス職（＝お客さまの課題を解決し、ビジネスが成功するまで責任を持つ概念）という言葉が使われていますが、本来お客さまの成功を願い、寄り添っていたのは営業だったはずです。

では、マーケティングとは何を意味するのでしょうか。この言葉の定義については、歴史あるマーケティング業界の中で〝迷宮入りした未解決事件に近い〟と揶揄した方もいました。時代によって定義が変わり、権威ある海外の学者や研究者が発信する内容はすべて横文字です。特にカタカナ用語のため、言葉の意味を1つずつ理解しないといけません。ブランディング、コミュニケーション、エンゲージメント、カスタマージャーニー、デマンドジェネレーション、リテンションにアクイジション……マーケティング用語はすべて英語です。日本国内を見渡しても、業界著名人の経験則や解釈した人によって意味する内容が微妙に異なり、ＨｏｗＴｏ（方法論）に至ってはまったく自社に合わないというケースも見受けられます。

部下や後輩から話を聞いた瞬間は何となくわかったつもりでも、咀嚼して腹落ちすることはなく、いつまでも消化不良の腹下し状態が続いている部長や管理職を見かけます。特に、中堅の製造業でマーケティングを意識する必要がなかった会社に多く生息するようです。

学問としてマーケティングの歴史を学ぶと、基本知識はもちろん吸収できます。ただ、書籍を読んでも、海外のアナリストに聞いても、定義が異なるのです。特に時代によって定義が変わる理由は、技術の進化、流通やチャネル、購買行動の変化によって、以下のことが流動的だからです。

①顧客の定義（自社における〝お客さま〟とはだれか、どこまでの範囲を指すのか）
②市場の捉え方（勝負できる市場をどのように分類・細分化して定義するのか）
③自社の価値や位置づけ（細分化した中で自社の位置はどこになるのか）

かんたんに分ければ、次の大きな転換期があります。

・ネットが存在せず、モノすらなかった時代
・モノはあるが、ネットがなかった時代
・ネットが網羅され、モノが溢れている時代

あらためて、現在の国内実態を復習しておくと、就業世帯の半数以上が共働き世帯となり、一般生活者のモノに対する価値観が「所有」から「利用」へ大きくシフトしました。スマートフォンをはじめとするデジタル接点によって情報への接触ルートが変わり、デジタルネイティブ世代の割合が増えています。スマホ操作はあたりまえの習慣になり、都市部では現金を持たなくても電子マネーだけで生活ができます。

このように生活者のライフスタイルや価値観が変われば、おのずと企業側も自社の社会的価値や存在価値をどこに置くかで、情報やメッセージの出し方、売り方やチャネル（販路）、再定義した〝顧客〟にあわせた接触方法や向き合い方も変化し続けます。

この考え方は、日用品や食品・飲料など一般消費財が中心に語られることも多いですが、素材や部品など産業財や生産財ビジネスの製造業全般、ＢｔｏＢ企業でも似たような事象が起きています。お客さまは１次情報をすべてデジタルファーストで入手するため、既存商流ではタッチできない商取引が増えてきているのではないでしょうか。読者のみなさまの中には、

営業現場での肌感覚や、実体験を持つ方がいると考えます。

マーケティングとは、事業戦略を組み立てて実行する考え方や仕組みのこと

極論を吐けば、今までの営業スタイルは〝自社〟視点で、商品ありきのプロダクトアウトの発想であり、直近の売上を積むための「刈り取り」活動や、地味な地上戦での「既存深堀」活動といえます。見えている売上予測は、今期と、次年度の上半期くらいまでかもしれません。

一方、マーケ脳を持つ人は、〝顧客〟や〝市場〟視点で、マーケットインの発想を持っています。教科書的に解説すると、マーケティングの4P（製品、金額、販売場所、販売推進）は売り手視点のセールス脳、4C（価値、投資金額、利便性、対話）は買い手視点のマーケティング脳と言い換えてもいいかもしれません。余談ですが、最近の一般生活財では、4E（体験、どこでも利用、伝播、共有）理論が主流になりつつあります。

また、マーケ脳を持つ人は、市場全体から自社の立ち位置を明確にするなど、客観的に自社事業を捉えます。未来の市場を開拓するためには、「開墾」「種まき」、または「育てる」活

動となり、3年先から5年先を見据えて計画を立てます。
よって、マーケティングとは、以下のように捉えると理解しやすいと思います。

「事業を成長させるための仕組みや活動、すなわち事業戦略を組み立てて実行する考え方やプロセスそのもの」

中長期の3か年や5か年の事業計画は、マーケ脳を持っていないと実行まで確実に落とし込めないでしょう。

新規開拓営業をしている方は、マーケ脳を持って実行しているかと思います。職種では営業企画職に近いかもしれません。新規開拓営業を釣りに例えるなら、以下のようになります。

ステップ①　どの魚を狙うか決める（ターゲットセグメントやキーパーソン特定）
ステップ②　魚がどこに生息するのか考える（顧客が頻繁に接触するオンラインメディアや集まるオンラインイベント、業界団体）
ステップ③　どのようなエサに食いつくかを考える（顧客の経営課題や業務課題に対する対応商材やソリューション）

ステップ④　どのように釣りあげるのかを考える（提案力）

最近は、ステップ①〜③をマーケや企画職が考え、顧客が抱える課題に対して目の前の魚を釣り上げるのが営業職と、「協働型活動」をおこなう企業が増えてきています。

成果を出すまでの道筋を考えるためにマーケ脳が必要

ここで、マーケ脳を持っていない企業を紹介します。以下は、某メーカー系販売会社の役員会用の資料、中期事業計画書に書いてあった文言です。

【目標】製造と小売のトップ30社のシェアを伸ばし30億を達成する
【計画】①DMS（設計・製造系）とリテールテック（小売・流通系）の展示会に出展する
②各業界団体への積極的関与

この3行しか書いていません。要約としてはとてもわかりやすいですが、具体的な数字や実行計画のロードマップがどこにもありません。本部長に伺うと、30億という数字を営業の各部・課組織に配分し、「何をするのか自分たちで考えろ」と指示するつもりだったようです。

事業本部長や部長クラスは、目標をどのように実現するのか、成果を出すまでの道筋を考えるのが本来の仕事のはずです。「目標配分だけは決めたから、あとは〝気合と根性〟で何とかしろ」と部下に押し付けるのは、厳しい言い方をすれば、事業責任者としてまったく仕事をしていないことと同じです。立てた目標に対して、達成できたか否かダッシュボードの数字だけチェックすればいいと勘違いしている方を、大手企業で時々見かけます。上からの指示を右から左に流すだけなら、だれにでもできます。「管理職は必要ない」という所以が、このような企業を見ているとよくわかります。

「では、なぜ目標数字が30億なのか？」と伺うと、「前年伸長率で全事業一律120％だからだ」という答え。経営会議で決まったこの数字に何の疑問も抱かず、反論できる市場予測データや術もないため、従うしかないとの結論でした。そう聞くと、事業計画書に書かれた3行は〝言われたからやる〟感が滲み出ているようです。ただ、経営会議で決まった30億円という目標数字に対し、昨年度の営業活動状況や既存積み上げから、ご自身の中で「ここまでは行けるが、あとX億の積み上げをどうするか」という感覚値は持っているようでした。目標の中でも最低限達成しないといけない数字（ここまでは行ける）と、努力目標の数字（達成できれば社内評価が上がる）の2つを営業目標に掲げる企業も実際には多いです。

このような企業ケースのように、目標計画を達成するためには、

①今現在、何が足りないのか（現状の把握）
②具体的に何を、どう実行に移すのか（実行の優先順位）
③途中経過を、どのように評価するのか（プロセスとKPI）

など、必要な議論がたくさんあります。これらを考えるには、マーケティング脳を持っていないとダメなのです。

気合と根性論になってしまう事業部長は、昭和型の営業価値観が根強く残っている方がほとんどです。「過去の成功体験に引きずられる」という言い回しを聞いたことがあると思いますが、「今のデジタル時代に合わせた道筋を考えられない」というのが正直なところでしょう。

昭和型の営業価値観を早く捨てよう

時代や環境が変われば、営業の価値観も少しずつ変わります。これまでの価値観を昭和型、

昭和型の営業価値観	令和型の営業価値観
●目標数字への強いコミットメント（特に今期）	●打率を上げて無駄な動きをしない
●靴を何足履き古したかが自慢	●テクノロジーを取り入れた徹底的な業務効率化
●顧客のために努力を惜しまない姿勢を評価	●顧客の課題や実現したいビジョンを重視
●勘と経験則の体験に基づく教育	●プロセスや活動はデータで可視化
●体育会系	●数字志向（理数系）

図0-1　昭和型と令和型の営業価値観

これからの価値観を令和型として対比させてみます。

典型的な昭和型の企業をいくつか紹介します（図０－１）。

企業Aでは、8時の朝礼から始まり、チャイムと同時にアポイントや訪問予定がなくても営業は全員外出します。なぜなら、社内に残っていると上司や先輩から怒られるためです。新規開拓営業は、アポなしで企業に訪問する〝飛び込みローラー作戦〟や、公開されている代表番号から電話をかけて売り込みをおこなう〝アウトバウンドコール〟など、地道な遠回り営業活動を実施しています。「量をこなせば数件当たる」という確率論と個人の経験則が中心であるため、飛び込み部隊と電話部隊に分かれて毎日同じ作業を繰り返しています。

企業Bでは、担当顧客が決まっているルートセールスが、お得意さまに定期的に顔を出し、ご用向きや配送・納品をおこなっています。月1回の訪問が前提ですが、行く先がないと同じ企業にばかり訪問し、雑談という〝お茶〟をして帰ってくることが多々あります。すべてが無駄とは結論づけられませんが、顧客の課題や悩みを親身になって聞き出して上に報告すれば、問題視されないようです。

企業Cの営業組織は、目標数字のコミットメントが第一優先で、プロセスは管理されていません。期末に近づくなり目標が達成できないとわかれば、発注できそうな企業に依頼し、前倒しで仮注文書をもらうなど融通を効かせます。さらに、お客さまのために土日祝日のゴルフの誘いは休日返上で参加しています。「信頼関係を築く一番の近道がゴルフだから」という理由です。実際に、ゴルフコンペを通じて人脈を作ると、お客さま側から依頼が来る過去の成功体験を多数持たれていました。

企業Dは、目標を達成できればだれにも文句を言われない文化です。カフェや映画館で時間をつぶす、会社のパソコンに向かって仕事をするふりをしている状況です。結局、目標を達成してもしなくても年俸や評価は変わらないため、必要以上の売上は積まないという営業の智慧らしいです。

　このように〝足で稼ぐ〟〝案件を嗅ぎ分ける〟〝地を這ってでも売上を積む〟という、時代遅れのような昭和型の営業スタイルを、私はKKD（勘と経験と度胸）セールスと呼んでいます。KKDの説明をした某大手企業では「うちの場合はKKDD」だと言い、最後に「D＝怒号」が入るとのこと。営業に一喝してお客さまから契約を取り付ける体質の企業は、計画性がない組織の象徴かもしれません。

　じつは、営業職で実績を積み上げ、出世街道まっしぐらの部長職・担当役員のほとんどが、若いころにこのような営業スタイルを体験してきています。当時はお客さまに早く名前と顔を覚えてもらい、近くに来たからという（偽の）理由で何度も足しげく通っていました。相手の信頼や信用を得られるかが最初の仕事で、対面・訪問型の営業スタイルしか方法がなかったともいえます。

　メールは「手っ取り早く連絡を済ませる手段だ」という概念を持ち、極端な例でいえば「お客さまにメールを送りつけるのは失礼であり、電話での会話が基本マナー」という発想になります。ちょっとした確認でもすぐに電話してしまう営業は、「メールで文字に残すことがエビデンス（証拠）になる」という知識を持ち合わせていないため、完全な昭和型でしょう。産まれた時からネットが身近にあった世代から見れば、石器時代のような笑い話に聞こえるかもしれません。今では、電話のほうがお客さまの貴重な時間を割き、業務中の思考を遮るので失礼に値する手段になります（一部の地域やお客さまからの依頼は除く）。

50代以上の役職者が20代のころは、クライアント側で比較や検討に必要な情報が営業からしか得られなかった時代でした。何度も何度も営業を呼び出し、資料を準備してもらわないと、社内決裁や稟議に必要な書類が用意できなかったと言えばイメージが湧くでしょうか。しかし、契約までの選定や購買に必要な情報は、どの企業でもWeb掲載のコンテンツとして公開され、直接営業を介さなくてもほぼそろってしまいます。逆に、情報がそろわない企業は論外です。Googleで検索して出てこない、会社ホームページ内にも情報がなければ、今の世代にとっては〝存在しない〟に等しい価値観です。よって、自社が知らない間に1次選定で奮い落とされている事実を、昭和型は知る術がありません。

営業を通さなくてもネットやWebからすぐに情報が得られる令和現代、KKDと体育会型で積んだ営業経験則を平成や令和入社の世代に同じように押し付けても、そのほとんどは入社3年以内に退職（転職）するでしょう。知名度がある企業でも、現場はいまだにKKD型の営業スタイルでは、現世代の眼にはブラック企業にしか映りません。部長職が「あいつは努力が足りない、営業センスがない」とボヤいても、そもそも価値観が違います。意識を変えなきゃいけないのは、昭和で停滞した営業部長の脳ミソの方なのです。

オンライン化で営業の在り方自体が問われている

一部の情報だけチラ見せしておき、「残りは問い合わせしないと教えないよ」という姿勢も時代遅れでNGです。機密扱いの情報ならまだしも、初期の検討段階で必要な情報はすべて表に出しておかないと、社名としてブランド名が知れ渡っている老舗や大手企業であっても、新商材・新規取引相手からお声がけされない状況に陥ります。

「社名は有名だし、ある程度は知っているが、どのようなソリューションを提供できるのか、くわしいことは知らない。特に、最近の取り組みなどはまったくわからない」

各社でブランド認知調査をしても、細かいところまで知っている人は少ないのが実態です。たとえ既存の取引相手であっても、自社のことをすべて理解しているわけではないと覚えておきましょう。各社の傾向を見ると、40代後半以降と30代未満のはざまでブランドのチェーンや人脈は途切れていると感じます。つまり、先輩時代から代々つながれてきた取引関係が希薄になってきているということです。受注傾向を分析すると、明らかに右肩下がりの取引先が見つかるでしょう。

コロナの影響で、どの営業も半強制的にテレワークを経験していますが、今では契約もオンラインで完結します。マーケティングやセールスツールなど新しい技術も、選ぶのが大変になるほど多くのベンダーが開発・販売しています。

昭和型や対面訪問型スタイルで実績を積んできた営業から見れば、時代についていけず、「契約が思うように取れない」と悩んでいるかもしれません。取引先の商談相手も昭和型なら、密を避けつつ直接お会いして話しましょうと折り合いもつきますが、ネイティブ世代はすでにデジタルツールをあたりまえのように使いこなしています。2次元の画面越しのコミュニケーションに慣れているため、流暢なトークと、画面越しに自分がどう相手に見えるかを常に意識しています。

象徴的な例では、某証券会社の「法人営業の新入社員は全員コンタクトセンターに配属する」というニュースです。今までは、各支店に配置して先輩営業に同行しながら営業スタイルやお作法を学ぶOJT教育でしたが、これからは非対面インサイド型で商談機会を作り、ラストワンマイルまではオンライン上で提案をする組織になっていくでしょう。直接訪問して契約を交わすのは大口客のみなど、限られた人材で契約や受注を最大化するための仕組みづくりは、これからますます加速すると見込んでいます。〝営業職〟の在り方自体が問われるようになってきたと言っても過言ではないでしょう。

必要とされるのはデジタルマーケターではなくビジネスマーケター

営業の価値観を読みながら、「これってウチ（自社）のことじゃない？」と大ウケしたかもしれません。ただ、「やっぱり営業はダメ、これから営業は必要ない」と考えるのはまちがいです。書類を取ってくるだけ、契約書をもらってくるだけの〝伝書鳩営業〟は必要ないですが、お客さまの課題や悩みを真摯に聞き取る共感力、自社のソリューションや商材を組み合わせる提案力は、ますます問われてくるでしょう。

実際、お客さまとの商談や折衝経験がないマーケティング職は意外に多いです。教科書や学校でマーケティングを学び、デジタルの世界しか知らない人や、何でもデジタルだけで解決できると考える〝デジタル偏り脳〟マーケターを、業務縦割り型の企業で時々見かけます。ツールの操作スキルやデジタル経験が1つでもあれば重宝され、転職市場では花形職種にもなっています。一種の怪奇現象にも見えますが、米国発のSNS、LinkedIn（リンクトイン）では、ヘッドハンターたちが日々職歴を物色してマーケターとコミュニケーションを図り、引き抜こうとしていることをご存知でしょうか。

マーケターに必要とされる能力や知識はいくつかあります。マネジメント層がマーケ戦略やロードマップ（道筋）を作ったうえで、チーム内にデジタル人材の専門職が必要ということであれば、採用には大賛成です。しかし、デジタルしか経験がない〝自称マーケター〟人材にマーケ組織全体を任せられるかといえば、必要とされる能力が違います。

「マーケティングとは事業を成長させるための仕組みや活動、すなわち事業戦略を組み立てて実行する考え方やプロセスそのもの」と先にお伝えしましたが、自社の事業を深く理解し、全体を俯瞰して見られる鳥の眼がないと務まりません。組織を任せられる人材は、自称デジタルマーケターではなく、デジタル特性やデータの重要性が理解できているビジネスマーケターなのです。

デジタルマーケターという職歴を鵜呑みにし、仮にマーケティング業務を任せたとしても、おそらくオンライン接点の最適化で終わります。ＳＥＯ（検索エンジン対策）、ＣＶＲ向上（お問い合わせ率）、ＯＬＧ（オンラインリード獲得）、ネット広告配信、オンラインセミナーの運営などは専門なので任せて問題ありません。しかし、今まで切磋琢磨してきたパートナーとの関係性、商流に応じた接点の最適化まで手を広げると、実際の事業や現場知識が前提となります。

各社で見るデジタルマーケ職の中で、社内商材の商談経験やお客さまとのセッション場数を豊富に持っている方はほぼいません。たとえ現場経験がなくとも想像力やフレームワーク理論で補える一般商材もありますが、提案力は商談経験を積んだ者にのみ身につきます。

・お客さまが何を目指し、何を実現したくて、どのような課題を持っているのか、会話から聞き出す
・自社のソリューションや商材でどのように解決できるのかを組み立て、提案する

これらは、顧客の課題、自社の商材、販路やチャネルを理解していないと難しいでしょう。ロールプレイングで方法論は教えられても、オンラインを含め商談場数という経験を積まないと知見が溜まらないのです（経験則がなくてもだれでも売れる単品商材は対象外）。

仮に商材が1、2種類しかなく、定型の提案書など必要な営業ツールがそろっていて、新人営業でもすぐに売れる商材の平均案件単価は、数千円から10万円前後でしょう。デジタル接点＋非対面で完結する「クラウド型サービス商材」や「情報商材」に限ります。契約に至る黄金ルートや方法論が確立されているか、セールスイネーブルメント（営業組織の強化・改善ための総括的な取り組み）の一環として販売ロールモデルが作れるようなビジネスが中心です。

上記以外の一般的なBtoB企業において、新人の営業教育をOJTでおこなっている理由は、さまざまな商談ケースの適応力を身につけるためにあります。商談を先輩社員といっしょに体験しないと腹落ちもしないため、時間もかかります。

製造系メーカーであれば、既存顧客でも追加発注や小口の数万円レベルから数千〜億円に至るソリューションまで多彩な案件が存在します。新規取引でこれから口座登録をするような相手であればなおさら、デジタル＋非対面だけで商談を創り出すのは、現場（顧客）を理解していないと難しいでしょう。まず会話が続きません。

デジタルやオンラインで完結する方法や仕組みを考えるのはデジタルマーケターの得意とする分野です。ただ、何をオンラインでおこない、どのような顧客や商材は営業が対応するのかなど、戦略や方向性を考えるのは、ビジネスマーケターの役割になります。

営業から見て、デジタルマーケしか経験がない者の言うことが信用できないのは、「実際に受注をしたことない者が、机上の空論（教科書理論）だけで話を進めようとしている」ように見えるためです。数字指向とはいえ、これからのマーケティング組織には営業・事業経験者を起用することを強くお勧めします。

営業組織体制の6つの型と抱える課題

日本国内では、上場企業でもマーケティングの組織設置率は11％で、独立した組織はないという企業は9割にのぼります（Nexal独自調査）。その中で、営業体制はどのように組織化しているのか、傾向と課題を整理しておきます。社内組織図には会社の経営方針が反映されるため、Webサイトなど広く公開する情報は簡易版で、実際の体制図は機密情報扱いになっている企業が多いことでしょう。特に、製造業で先端技術を研究開発している企業では、NDA（機密保持契約）を締結しても提示できない、または社員でも教えてもらえないこともあります。

営業組織を大きく分けると、以下の①〜⑥の型に分けられます。どの業種でも、この分類の組み合わせで組織体制を敷いています。

①アカウント型……重点・重要顧客担当
②エリア型……各地域別担当
③ソリューション型……特定テーマや分野のソリューション担当

④**プロダクト型**……特定の商材やカテゴリ担当
⑤**パートナー型**……販売代理店担当
⑥**サクセス型**……ＳａａＳサービス系企業

①アカウント型

特定の企業や業種単位など、重要顧客や重点顧客として年間取引額の大きい企業を対象にした専門組織です。決められた企業や業種を担当し、既存顧客からの新規案件（クロスセル）、追加案件（アップセル）も含めて提案・受注をおこないます。業界によっては「フィールドセールス」という企業もありますが、取引額上位層に入る企業はアカウントセールスが担当しているでしょう。

パレートの法則でいえば、売上の8割を上位2割の企業が占め、2割の企業はアカウント営業組織が担当という構造になります。安定的な業界や既存事業ほど、アカウント制を敷いています。

年間取引額が億単位になると、担当は1名ではなく、10名単位でチームが組まれます。エンジニアまで含めると、1アカウントに数十名体制を敷く企業も存在します。また、業種別に組織を分けている企業では、部内に「既存のアカウント営業」と「新規を含めたそれ以外

（取引額が小さい）」として、課を分けていることもあります。

このようなアカウントセールス組織が抱える課題には、以下などが挙げられます。

・業務の属人化（顧客との長年の信頼関係があるため、人にひもづく）
・1人あたりの生産性が数値化できない（どこに課題があるのか見えないため、業務改善ができない）
・既存取引先のグループ個社や系列子会社のフォローや接触不足
・取引部門とは信頼関係は築けるが、他部門のキーパーソンに接触できていない
・横展開しようとも、新規に充てられる営業人員が不足している
・新ソリューションなど、営業に新商材の知識が不足しており、顧客と会話できない

②エリア型

支店や支所など、全国に営業所を配置する企業の組織構造はエリアセールスです。先に記載したアカウントセールスの担当は重要・重点顧客ですが、その取引相手も中堅以上となるため、全国にグループ企業、営業所が存在します。アカウント営業が付いている顧客といえども、各地域の現場を担当するのはエリアセールス管轄と組み合わせ（メッシュ型）で対応す

ることが多くなります。

業種や取扱い商材によっても異なりますが、ＢｔｏＢ企業の多くは、北海道・東北、関東・甲信越、関西・近畿、中国・四国、九州沖縄と、6～8つの地方区分で全国を網羅しています。最低でも、東名阪は拠点として押さえています。

拠点となる営業支社を中心に、複数の営業拠点を配置しているエリアセールス組織の課題は以下のようにさまざまで、根深いです。

・人材の高年齢化
・新規採用難と営業人材の非定着
・製品知識やソリューション提案に必要なスキルアップ不足
・本社ソリューションやプロダクト営業との連携不足
・担当エリアの既存顧客フォローに手一杯で新規提案不足
・マーケ人材の不足と打ち手のリソース不足
・レガシー的な販売推進（プロモーション）

③ソリューション型

特定の業界テーマや経営課題など、特定分野、戦略商材のソリューションを専門に展開する組織です。昨今ではＤＸ（デジタルトランスフォーメーション）商材、〝働き方〟関連商材、〝ＩｏＴ〟や〝ＡＩ〟関連、〝５Ｇ関連〟など大きなテーマにひもづけ、成長・戦略商材として新組織を設置する企業も増えてきました。

マトリクス型の組織構造を持つ企業では、アカウントやエリアという営業体制ではなく、業種別ソリューションセールスとして、配下にアカウントやエリア営業を配置することもあります。物理的な有形商材を持つ製造企業より、ＩＴやサービス系などの業種に見られる組織体です。

このようなソリューション型の営業組織における課題には、以下などが挙げられます。

・要件が出てくる前段階の、上流時の接触不足
・提案可能・訪問可能な案件の不足
・ソリューションとして提供できる範囲が不明確
・提案用の資料や営業ツールなど、コンテンツ不足
・キーパーソンの判定、ニーズ把握の定義が困難

・社内既存営業との協力体制の不足

④プロダクト型

1プロダクト1事業部制を敷く会社は非常にわかりやすいですが、関連製品を複数束ねて売上数字の予測、販売管理などをおこなう組織はプロダクト型です。特に製造業はプロダクト型が多く、ピラミッドの階層構造でしょう。組織を越えてマトリクス型で連携して動くことは少ないようです。

プロダクト営業の持つ課題は、以下になります。

・クロスセルやアップセルをしたくても、CRM基幹の老朽化で、データ分析ができない
・プロダクトアウト型の発想のため、顧客の課題がわかっていない
・Webコンテンツはパンフレットの置き換えのみで、デジタル接点を有効活用できていない
・社内の営業組織との連携が不足しており、全国を対象にするには人員不足

特に、社内CRMの刷新は急務でしょう。どの取引先のどの部門と取引しているか可視化

できていなければ、クロスセルもアップセルも難しくなります。ただ、製造業の場合、お客さまの新製品開発情報は社内でも機密扱いのため、安易にデータ連携できないという側面もあります。一概に取引実態を可視化すればいいという話ではなく、社内事情や商材特性も加味したうえで、何のためにシステム連携が必要なのかを考える必要はあります。

⑤パートナー型

対法人ビジネスの企業のほとんどが、パートナー制を敷いているでしょう。直販（直接販売）・直商（直接商談）のダイレクト販売の売上より、間販（間接販売）のパートナー売上比率が高いという企業が多いと思います。

中堅以上の老舗メーカーでは、自社で営業体制を整える直接販売より、パートナーとのWIN-WIN関係によって事業を成長させてきたという背景があります。日本全国を直接販売で網羅するにはそれなりの組織体制と投資が必要になるためです。

パートナーとは長年の取引による信頼関係ができているため、営業はパートナー各社をフォローして案件を管理する体質になります。新規取引先に自らの足で出向き、提案する必要性が減るため、パートナーのサポートにまわり、事務員化しているのが実態でしょう。〝営業職〟といっていいのかはばかれます。

このような組織における課題は、以下のように、ここまで挙げてきた組織体制の中でも一番深刻となります。

・顧客に積極的にアプローチするというより、パートナーから案件がくるのを待つ依存体質
・パートナーが販売した顧客の実態（課題）は、営業であってもよくわからない
・売上の中核を担うパートナー企業の信頼を損なわないため、パートナーのいいなり
・新規パートナーの開拓をしたくとも、パートナーになるメリットは何なのか棚卸できていない

パートナーが数十社程度であれば、改革もトップダウンの力技で可能かもしれません。しかし、全国や地域密着型のパートナーを含めて数千社のパートナーを抱える企業では、どのようにパートナーとの関係性や戦略を見直したらいいのか、カオスの状態に近いのではないでしょうか。

特に、パートナー側のデジタルマーケティングが進んでいる場合、自分たちからパートナーに対してマーケティングのイロハを伝授することはできません。このようなパートナーに

完全に依存した企業の課題、〝闇〟はかなり深く、デジタルマーケティング以前に、パートナー・リレーションシップ・マネジメント（ＰＲＭ）戦略の見直しが先でしょう。

⑥サクセス型

ＳａａＳサービス系商材ベンダーでは、このサクセス型組織に移行する傾向が見られます。ＳａａＳサービス商材は、個別カスタマイズ（仕様変更）がない限り、案件単価が安く、気軽に導入できます。特に事業部門が部予算で導入するケースも増え、セキュリティ面や社内システムを管轄するＩＴ部門から見れば、悩みの種になっていることでしょう。ＩＴ部門の名称をＤＸ部門に変え、各部門で導入するクラウド系デジタルツールはすべてＤＸ管轄予算にして、ＩＴ部門の尊厳を守っている企業も見受けられます。

新興ベンチャー企業では、すでに一般的な概念である「カスタマーサクセス」文化が浸透しています。ＳａａＳサービスは、契約してもいつでも解約できるため、顧客の目指すビジネスに寄り添い、顧客の成功・成果（サクセス）のためにフォローし続ける体制を敷いています。アカウント営業のような対面営業主体ではなく、初回提案からオンライン・デジタル中心の販売プロセスを持つため、契約までは非対面型のインサイドセールス部隊が中核となります。略して「ＩＳ部」という組織名称をみなさんも聞いたことがあるかもしれません。営業はすべてカスタマーサクセス部に所属し、契約時から継続利用の顧客を担当しています。

ＳＩｅｒでいえば保守サポート部隊に近い位置づけになりますが、お客さまからの問い合わせをインバウンドで待つ姿勢ではなく、積極的にお客さまに関与してビジネスを作りだす役目になります。営業といっても、エバンジェリスト（効果的に活用する方法の伝道者）や、コンサルタント職に近い存在になるため、令和型の新しい職種といってもいいでしょう。

ただし、サクセス型の組織で課題になるのは教育です。自社サービスについて深く理解するのはもちろんですが、業種や業務ごとの深い知識や理解がなければお客さまと会話ができません。「インサイドセールスの非対面で実績を積んだら、サクセス部のフィールド営業に昇格」というキャリアパス制度を敷く企業もありますが、求められるのは単に自社サービスの使い方を知っておけばいいというレベルではありません。お客さまの置かれている立場や課題、お客さまの目指す目標やゴール、そこまでの道筋など、業種や部門などの現場単位で身につけないといけないスキルは多岐に渡ります。


ここまで6つの組織の型と課題を紹介してきましたが、今後の営業組織体制をどう敷くか考えるきっかけになっているのは、クラウド系サービス事業者中心に広まっている「カスタマーサクセス」の概念や、「インサイドセールス」事例なのは確かです。また、多くの製造業では、パートナーとの関係性にデジタル接点を活用してどのような道筋を描くのか見直すことも急務です。

マーケティング組織の5つの世代と傾向

私は、新規にマーケティング組織を立ち上げる企業、組織はあっても成果が思うように出ない企業、ツールは入れたが事業にまったく貢献できていない企業など、さまざまなプロジェクトの現場を今までいっしょに走ってきました。中堅以上の大手中心にプロジェクトが100事業体を超えたころから、似たような傾向や組織の成熟度が垣間見えてきました。

次のような企業の課題は根が深く、取引先との関係性も複雑に絡み合います。

・歴史ある古い体質（昭和型脳）の企業
・ある特定商材だけ突出してシェアが高い企業
・事業再編を繰り返してきた企業
・商材が多岐に渡り販売体制が複雑な企業
・特定パートナーや既存との関係性だけで成長してきた企業

仮に、似たような商材を開発・販売・取り扱っていた2社があったとしても、プロジェクト開始時の条件はまったく異なります。

・企業内の長年の社内文化や暗黙知
・既存商流・チャネルの販売網
・商材特性や市場の中でのポジション
・マーケティングDXへの期待値
・パートナーや各部門との関係性
・予算枠や人材スキル

異なる条件下と限りあるリソースの中で、

・どうしたらデジタルやデータを活用した成果が出るのか
・事業に貢献するためには何に気をつけたらいいのか
・逆にどういうポイントが失敗につながるのか

第1世代 **分散型**	マーケティング機能が、社内の各組織に分散している状態
第2世代 **機能集約型**	分散しているマーケティング機能を1つの組織に集約した状態 ただし、マーケティング活動の評価指標が売上や受注にはひもづいていない
第3世代 **ファネル型**	マーケティング戦略があり、各マーケティング施策が売上や案件にどの程度貢献したのか、一連のプロセスとして結果を把握できている状態
第4世代 **ダブルファネル型**	新規案件を創出するだけでなく、既存顧客にも積極的にアプローチし、既存深堀・深耕のためにデジタル接点を活用できている状態
第5世代 **サイクル型**	顧客を軸とした接点・接触サイクルとして、マーケティング施策の影響範囲が見えている状態 ※社内部門のだれが、いつ、どの企業のだれと接触・接点を持ったのか、リアル×デジタル接点データとして可視化できている

図0-2　マーケティング組織5世代モデル®

など、プロジェクトではさまざまな体験や示唆を共有・アドバイスさせていただきましたが、200事業体を超えた現在でも、まだまだ悩みや相談は後を絶ちません。

本書では、これから組織を立ち上げたいなど、似たような課題意識を持つ企業に向けて、組織の成熟度を5世代に分け、よくある課題と気をつけるべき点や対策について1つずつ解説していきます（図0－2）。

マーケティング機能が分散している企業や、これからマーケティング組織を立ち上げる企業は、第1世代からご覧ください。

組織はあっても成果が出ずに悩んでいる企業は、第2世代からご覧ください。

マーケと営業との連携、インサイドセールスについて悩んでいる企業は、第3世代からご覧ください。

ABM（アカウントベースドマーケティング）に取り組みたい企業や、既存顧客との関係維持にデジタル接点を活用したい場合は、第4世代からご覧ください。

マーケティングDXとして実現したいことがある企業は、第5世代をご参照ください。

1章
第1世代／分散型
マーケティング機能が社内の各組織に分散している

事業部の営業企画や販売推進課が商材のプロモーションを計画・実行する。

Ｗｅｂ制作は、広報部門内のＷｅｂチームが担当し、編集をおこなう。

展示会は広報部門が取りまとめ、各事業部総出で運用する。

会社全体のメディアタイアップ広告は本部側でおこなうが、ネット広告などは〝製品担当者が管理しているページ〟への集客のみ、事業部が個別に実施する。


このように、「マーケティング部」というまとまった組織はなく、活動や機能自体が各組織に分散している企業が第1世代です。

活動を顧客視点のプロセスとしてつなげて見る文化がない

機能分散型でマーケティング活動をおこなっている企業では、以下のような課題が出てきます。

・無駄な予算消化につながっている
・毎年、成果が出ない活動を続けている

・案件や商談機会を見逃している

お客さまから見れば、展示会やメール、外部メディアなどは企業情報と接触する1つの〝点〟にすぎません。〝線〟や〝面〟としてつながっていないことが多いのです。各活動が、だれ（顧客）に対して、何のために（目的）おこなっているのか、顧客視点でのプロセスとしてつなげて見る文化がないことが問題です。

展示会担当ならその運営、Ｗｅｂ担当は会社のホームページ、メルマガ担当はメールを送ることに注力します。もちろん、見ている指標も、活動単体での評価指標になります。展示会で何枚の名刺を集めたか、オンラインセミナーで何名集客できたか、Ｗｅｂ上で何ページ見られたか、メールの開封率は何％だったかなど、活動単位には評価できても、

「結局、何件の見込み案件を創り出せたのか？」
「ターゲットとしているキーパーソンと接触できたのか？」

という視点が抜け落ちます。

活動や施策1つずつを見ていくと、本来は「目的あっての手段」になるはずです。しかし、

担当者から見れば、やることが大量にある中、同じ業務を繰り返していると、手段がいつの間に目的となり、何がゴールだったのか見失ってしまいます。また、全体最適にはだれも目を向けなくなり、「だれに聞いても問題意識は持っていない」「自分の仕事ではないと感じている」ことでしょう。

たとえば、デジタル接点となる自社ホームページは、どの企業でも広報や事業部内にWeb担当者がいます。中堅の製造業であっても、3000ページ以上の大規模サイトや、多言語展開をしているグローバル企業となると、Webガバナンス（統制）を図るためにコンテンツの承認フローや運用ルール、管轄する組織や体制をそろえています。しかし、Web担当者は事業部ごとの商材を深く理解し、商流や事業計画まですべて把握しているわけではありません。

Column

社内決裁や稟議フローを理解しないままペルソナ設定をしても〝絵に描いた餅〟になりかねない

某メーカーでプロジェクトが炎上した話を紹介します。

大手広告代理店主導で5000ページに上る大規模なWebリニューアルプロジェクトが走っていました。広告系のクリエイティブ素材の制作まで含めると、投資額は億単位になります。リニューアルはWeb戦略から始まり、IA（情報構造）設計、制作、コーディング、移行作業と段階を経て、1年がかりで進める予定でした。

戦略策定の時に読み手（ターゲット）であるペルソナ設定の議論が始まりましたが、元社内トップ営業だった事業部長にヒアリングをおこなう最中に大炎上しました。「ペルソナを教えてください」と伝えても、部長からすれば意味がわからず、「俺たちがどんな企業をターゲットにしているのかも知らないのか？」「そもそも、どんな商売をしているかくらい理解しろ！」と怒り出してしまったのです。会議は延期が続き、早く進めないと予定しているサイト公開日に間に合わなくなります。

・どのような規模、企業属性を持つ対象に対して
・どのような営業体制や商流、販売網を敷き
・企業規模や商材単価に応じてお客さまの社内の意思決定プロセスはどのように進むのか
・プロセスごとに、どの所属組織・個人属性を持つ対象が自社Ｗｅｂサイトに訪れるのか

このようなことを検討するにあたって、一般消費財の場合は購買プロセスを整理する〝カスタマージャーニーマップ（ＣＪＭ）〟という手法がありますが、ＢｔｏＢビジネスで法人が対象であれば意思決定プロセスや購買プロセスとなります。英語だと「ディシジョンメイキングプロセス」や「バイヤーズジャーニー」と言ったほうがいいでしょう。企業属性や規模、商材や案件単価によって、だれが決裁・承認するのか、キーパーソンはだれか、組織間の合意プロセスは変わります。社内決裁ルートや稟議フローを理解しないままペルソナ設定をしても、〝絵に描いた餅〟になりかねません。最初に確認すべきは、取引対象となるターゲット企業属性（バイヤーズペルソナ）と、商材や案件単価などによるお客さま内の意思決定プロセスになります。

点だけ最適化しても最大効果は得られない

Ｗｅｂマーケターはビジネスマーケターではありません。事業責任者からみれば、Ｗｅｂサイトは顧客との接点の1つにすぎず、Ｗｅｂサイトにどのような役割を持たせるかで戦略的な位置づけも変わってきます。さらにデジタルファースト、スマホファーストだと騒いでも、太いパイプの販売チャネルが存在する既存商材の場合、既存顧客からの受注拡大、パートナーとの関係性、新規積み上げ分の計画、人材採用や教育など、部長の頭には考えることや課題は山積みになっています。

俯瞰的に考えれば、以下をすべて事業成長エンジンの活動手段（点）とした場合、点だけ最適化しても最大効果は得られないことに気づきます。

・自社Ｗｅｂというデジタルコンテンツ
・オンラインメディアなどの広告媒体やネット広告
・業界展示会への出展や自社セミナーなどのリアル接点
・自社主催の大型展示カンファレンス

・既存顧客向けのユーザー会
・対面の営業

それぞれがバラで動くことによって機会損失が生まれ、無駄な活動や予算も増えます。活動・施策単位に部分的な評価をしても、売上にどの程度貢献・寄与しているかわからないようでは、何を改善していいのかもわからなくなります。

特に第1世代の企業のマーケ機能は、すべて〝委託型〟となります。戦略性や優先順位があるわけではなく、「上司や事業部に指示されたから、依頼されたから動いている」という方がほとんどでしょう。

この書籍を読んでいるあなたが、マーケティングやデジタルマーケティングとして新しい組織を立ち上げるプロジェクトメンバーに抜擢されたと想定して書きます。おそらく会社から期待されている内容は多岐に渡ると思いますが、デジタルに専門特化したデジタルマーケターになるのではなく、デジタル接点やデータを活用した〝ビジネスマーケター〟になるという自覚を持っていただければと思います。

ここでは、最初にやること3点について解説します。

・マーケティング活動や無形資産（データ）を棚卸する
・マーケティングという言葉や役割を明文化する
・デジタルマーケティングについて定義し、事業部や社内メンバーが腹落ちするまで説明する

マーケティング活動や無形資産を棚卸する

まずは、無形資産となる情報の集約から始めましょう。社内のどの組織でマーケティング活動や業務がおこなわれ、得られた顧客情報はどこに保存して、どのように活用しているのか調査してください。

Ｗｅｂ担当者がいる会社では、アクセス解析の月次レポートはあっても、問い合わせフォームを通過したら管轄の事業部担当者に転送されるだけで、まったく状況がわからないという会社もあります。転送された事業部ごとに、その後のフォローやデータ活用についてどうしているのか、実態を追ってください。

・問い合わせフォームを通過した個人情報（以下「リード」）

・メールマガジンなどＩＤ登録している会員情報
・アウトバウンドコールを外部委託して獲得した顧客情報（以下「リスト」）
・外部オンラインメディア広告で獲得したリード
・展示会で獲得した名刺や営業が交換した名刺
・共催や協賛セミナーなど他社と共同で実施したセミナーの名簿

もし事業部を横断して調査する場合、気をつける点は、この段階では「実態を調査するだけ」と事業部長に伝えることです。

第1世代企業では、大型展示会に全事業部で出展する場合を除き、マーケティング活動予算は事業部から出ています。つまり、マーケ活動の予算はその事業の収益から捻出しているため、「各施策で獲得した個人情報（＝名刺やリード）は事業部の資産であり、全社で共有するつもりはない」と考える部門も出てきます。

個人情報を社内でどこまで共有するかは別の議論が必要ですが、まずは活動の棚卸とリード情報の数に注力しましょう。もしリード情報を管理するデータベースを分けるなら、一般事業会社と官公庁系は分けても支障はありません。

ここでいう「リード」とは、法人に所属している個人のことであって、「個客」と略すこともあります。社名、組織名、役職名、氏名、住所、電話番号、メールアドレスの7点セット（名刺記載の情報）がそろった情報を「リード件数」としてカウントしておきましょう。

社名、氏名、メールアドレスの3項目だけで済むメルマガ会員や、外部委託のアウトバンドコールで「キーパーソン特定のために氏名、直通電話番号までは教えてもらえたが、メールアドレスはわからない」など歯抜けの状態は、リードではなく「リスト」として分けてカウントしておくといいでしょう。

すべての情報をエクセルでもいいので一元化し、名寄せをしてください。社名、氏名、メールアドレスが同じであれば重複している情報になるため1件としてマージ（統合）し、重複情報をパージ（削除）する作業です。すると、以下のような傾向が見えてきます。

・毎年同じ展示会に出展しているが、同じ人が来場する割合が一定層存在する（前年比、重複率）
・同じ人が、さまざまな接点で何度も個人情報を提供している（同人物が3回以上の割合や分布）
・アウトバンドコールでリストのみのキーパーソンが、自社カンファレンスに来場していたこれは一例ですが、同じ方との接点が複数存在することに気がつきます。データを一元化する際には、次の情報を項目として持っておくと、時系列で見た1人のリードとの接触履歴がわかります。

①獲得元（展示会、Ｗｅｂ問い合わせ、セミナー、広告経由、営業名刺交換）
②獲得年月日（２０ｘｘ／10／３）

さらに、事前許諾（パーミッション）前提になりますが、Ｗｅｂコンテンツの閲覧行動（デジタル足跡）まで追えていれば、時系列上にデジタル接点が組み込めます。個人単位に追うだけではなく、部門や組織単位、企業名単位に俯瞰して見ると、顧客プロファイリングができあがります。

個人単位ではなく、組織単位などでグルーピングして見るのが重要な点です。活動手段（点）を、リード（個人）単位に時系列の〝線〟としてつなげるだけでも新しい気づきが得られますが、組織単位で見ると〝面〟として見えます。さらに企業単位でグルーピングすると、〝立体〟となります。

極端な言い方をすれば、立体がどういう動きをしているのかが見えると、どこに移動していくのか方向が〝予測〟〝推論〟できるということです。予測できるということは、先回りして〝打ち手〟を変えられることにもつながります。

営業の感覚値として持っている「風が吹けば桶屋が儲かる」、実際には途中プロセスが存在するように、全体を俯瞰して見ることの重要性はわかっていただけますでしょうか。

デジタルマーケティングが進む欧米では、予測マーケティング（プリディクティブマーケティング：Predictive Marketing）が主流となっています。ＡＩ（人工知能）技術の中でも機械学習に分類されますが、正規化されている時系列データがそろっていることが前提になります。ただ日本では、対面型のリアル活動をデジタイゼーション（Digitization）化することの課題が根深く残っています。このお話は、本書の最後で解説します。

マーケティングという言葉や役割を明文化する

ＢｔｏＢビジネスに限らず、マーケティングの役割を担う組織には２つの傾向が見られます（図１－１）。

CC部門

1つは広報・会社視点で「コーポレートコミュニケーション部（略：CC部門）」や「コーポレートブランディング部」といわれる組織です。ステークホルダー※は取引顧客やパートナーだけでなく、株主、社員やその家族、地域やコミュニティ・行政など、会社が存在・経済活動することによって影響を与えるすべてが対象となります。

従業員数や売上規模が大きい企業ほど、活動1つとっても社会に与える影響が広くなります。よって、CC部門は企業活動の透明性を担保し、健全な経営をしていることを広く知ってもらうことに注力を置いているでしょう。SDGsやESGに関する取り組みは、CC部門が担っています。

数字責任を負う事業部門から見れば、CC部門は経営直轄の組織になるため、ここで決められたことはグループや個社含めて、同じ方向を向かないといけません。

また、CC部門から見れば事業部もステークホルダーの1つとなり、既存事業だろうか戦略事業だろうが同一に取り扱うという暗黙のルールを持つ企業もあります。よって、大手ではWebサイトも、CC部門管轄のコーポレートサイトと、次のMC管轄に分ける傾向が見

※企業法人の活動に直接・間接的な利害関係になる対象者のこと。

Brand Building
(Scope: Corporate Communication)

Keyword
- コーポレートブランディング
- 将来性やビジョン、メッセージ
- 技術ブランディング
- ソリューションブランディング
- デジタルPR
- CSR・CSV
- SDGs
- ESG

Customer Relationship Building
(Scope: Marketing Communication)

Keyword
- デマンドジェネレーション
- リードビジネス
- アカウントベースドマーケティング
- コンテンツマーケティング
- インサイドセールス、カスタマーサクセス
- セールスイネーブルメント
- MA（マーケティングオートメーション）
- CDP（カスタマーデータプラットフォーム）

図1-1　CC部門とMC部門の違い

られます。

MC部門

もう一方は顧客・企業視点で、既存取引や既存のパートナーだけでなく、将来を含めて自社と取引の可能性のある法人や団体が対象となります。そのままの名称で「マーケティング部」や「マーケティングコミュニケーション部（略：MC部門）」という組織名称を付けている企業もあるでしょう。今後取引相手になるかもしれない潜在的な（未来の）顧客を見つけ、案件や商談につなげることに主眼を置いています。

会社によっては、前者をコーポレート（全方位型）マーケティング、後者をユニッ

ト（事業型）マーケティングと使い分け、事業ごとに異なるソリューションブランディングは後者に任せる場合もあります。

もしこれから社内に点在している機能や人材を集め、ＭＣ部門を立ち上げる企業であれば、組織を再定義し、ゴールやミッションを決めるところから始めましょう。意志がない組織では、単なる業務請負組織の集合体になってしまいます。よって、「マーケティング」の定義を自社用に翻訳し、文字として明文化してください。

一例として、外資系企業（日本支社）で「マーケティングとは何を意味するのか」を定義した文を紹介します。以下を参考に、２００文字以内で自社用に作ってください。

【自社におけるマーケティングとは（Ｎｅｘａｌによる例）】

①市場を創造し（目指すビジョンや技術・ソリューションブランドを発信し）
②潜在的な顧客を見つけ（引き寄せ）
③あらゆる接点によって、見込み顧客を発掘し、
④一度でも接触を持ったお客さまに直接的・継続的な信頼関係を醸成し、
⑤既存取引のお客さまやパートナーとのロイヤリティを高め、

⑥安心して取引できる企業として、認められる存在価値を継続し、
⑦案件機会を創造・共創する活動全般のこと

デジタルマーケティングについて定義し、事業部や社内メンバーが腹落ちするまで説明する

マーケティングの定義を明文化できたとして、安心してはいけません。問題はここからです。具体的に何をどのように実行するのか、特にデジタル接点をＷｈｏ（だれに）、Ｗｈｙ（目的、理由）、Ｗｈａｔ（何を）、Ｈｏｗ（どのように）に分解して議論する必要があります。「デジタルマーケティング」と文字化した時、どういう意味で使っているのか定義しておきましょう。展示会やセミナー、研究会や勉強会は、現実世界で実際に会っておこなう〝リアル〟マーケティング活動となります。〝デジタル〟マーケティングという言葉は、リアルマーケと対比して使われることが多く、ネット広告代理店やオンライン系メディア、デジタル系のツールベンダーが使い始めたのがきっかけです。マーケティングに〝デジタル〟が付いた瞬間、営業や事業部の方から見ればよくわからない代物に見えるので、注意が必要です。「デジタルマーケティング」という言葉は、２つの意味合いで使われます。

Ⓐインターネット（デジタル）の世界だけで実現するマーケティング手法
Ⓑマーケティング活動をデジタル化しつつ、個客接点を再設計する手法

Ⓐは、すべてオンライン（デジタル）接点だけで完結する意味で使います。たとえば、ネット広告を組み合わせ、ターゲティングは興味関心事やオンラインの行動傾向で決め、目的ページまで誘導して、カート完了や問い合わせフォームを通過させるまでを指して使います。オンラインで完結するＢｔｏＢビジネスは、クラウド系の情報サービス商材や、部品小口取引や消耗品販売のＥＣサイトになります。よって、「Ｗｅｂフォームからのお問い合わせ」をデジタルやオンラインだけで集めることが目的であれば、Ⓐの文脈になります。Ｗｅｂマーケティングと同義語だと思っておいたほうがいいかもしれません。

各拠点に営業組織を置き、対面で商談をおこない、個別に提案して契約を1件ずつ受注する対法人ビジネスの企業の多くは、デジタルマーケティングをⒷの意味で捉えるほうが正しく伝わるでしょう。つまり、デジタルで完結するマーケティング手法のことではなく、「マーケティング接点をデータとして可視化し、戦略性がある」という意味になります。

ある企業でデジタルマーケティング組織を新設するにあたり、事業部門や営業に説明するために「自社におけるデジタルマーケティングとは何か」を明文化しました。例文を記載す

るので、参考にしてください。

【BtoB事業のデジタルマーケティングとは（Nexalによる例）】

①顧客やパートナーとのデジタル接点を増やし、
②対面営業と組み合わせた効果的なコミュニケーションを図ることによって、
③案件の質と量を高めていくこと。
④最終的なゴールは、営業の受注活動に貢献すること。

重要なポイントは①になります。デジタル接点を増やすとは、「今までの対面・訪問型のマーケ活動から、デジタル上やオンラインに全面シフトせよ」という意味ではありません。コロナで強制的にオンライン商談やオンラインセミナーが主流になりつつありますが、「現実世界での展示会やセミナー、研究会や勉強会を実施しつつも、オンラインにアクセスする機会を増やしましょう」ということです。

デジタル接点が増えることによって、足跡データが残ります。それらの行動データや顧客情報を無形資産としてどの程度持っているかで、営業の動き方が変わってきます。

「来期からデジタルマーケティングを強化します」と社内で宣言した企業では、事業部門からさまざまな憶測や勘違いトークが出てきました。


「企業の公式アカウントを作ってFacebookでも始めるの？」

「メールを送る際には、オレの客には余計なことをしないでくれ」

「何か客に連絡する際には、社内で許可をもらってからにしてほしい」

「俺たち営業はいらなくなるのか？　できるならやってみろ！」


自社において「マーケティング」や「デジタルマーケティング」とは何を意味するのか、どのような活動をおこない、何を成果とするのか説明しないと、各自の脳内にはさまざまな「？」や憶測が出てきて、事業部の理解や協力を得られなくなってしまいます。

特に海外の調査会社やコンサルタント、大手ツールベンダーなどが

「顧客には対面型の営業行為は迷惑で、コンタクトする前の購買プロセスはほぼオンラインで終わっている」

「デジタルファーストの現在、営業職は鬱陶しい存在」

というような煽りトークを、そのまま翻訳して日本国内に流すため、マーケ業界では都市伝説として広まってしまいました。「今後、営業はいらなくなる」というのは、方向性としては半分まちがっていませんが、まったくいらなくなるわけではありません。「仕組みや売り方全体が変わってくる」、さらにいえば「営業職の在り方も変わる」といったほうが適切でしょう。

お客さまが問い合わせする前の調査段階や1次選定をオンラインで済ませる行動実態は、国内調査データとしても裏づけられています。しかし、営業職がいらなくなるということは、国内では決してないでしょう。今まで営業がすべておこなっていた〝種まき〟や〝水やり〟、足繁く客先を訪問して地区単位にローラー作戦をおこなうなど、どちらかといえば「非効率的な準セールス活動が、デジタルマーケティングに置き換わることによって効率的におこなえる」というほうが腹落ちします。

顧客の課題に合わせて提案し、個別に見積もらない限り成約に至らない商材やビジネスを展開している企業では、営業職がいらなくなることは決してありません。

Column

デジタルマーケティングによって営業の動き方はどう変わるか

では、営業から見て、会社がデジタルマーケティングに取り組むことによって、自分たちの動き方がどう変わるのでしょうか。古い体質の企業で、営業から「オレの客は自分が一番よく知っている」と言われたケースで説明します。

この営業は〝既存重点顧客〟を担当するアカウント営業で、客先の取引部門にいつでも出入りできる入館証を持ち歩いています。さすがに常駐はしませんが定期的に訪問し、クライアント責任者（部長）への状況報告や今後の事業展開などさまざまな話を伺っています。「オレが一番よく知っている」と自信を持って言えるのも、顧客内の状況を知り尽くし、何を目指しているのか事業戦略も理解し、万全なフォローをしている表れでもあります。

しかし、アカウント営業が取引している部門のことは知り尽くしていても、その企業の全事業を知っているとは限りません。別部署で新しいプロジェクトが発足しているにも関わらず、出入りしている部門との商談では話題にも上がらない、さらに取引部門がプロジェクトにまったく関与していなければ、自社にソリューションを持っていたとしても、提案の機会すらありません。仮に、クライアントの担当役員が他部門も兼任しているキーパーソンで、年末年始や新年度挨拶の際に「こちらの事業もよろしく」「別の相談もしたい」など話題が出れば別ですが、取引部門が関与していないプロジェクトを知る術はありません。

デジタル接点を増やすことによって個客の足跡データが残るという話をしましたが、取引している企業の別部門の方が自社Ｗｅｂサイトの特定ページを重点的に見ていたとしましょう。これらの足跡データは、社内で共有しない限り、アカウント営業は知りません。

１件ずつ個別に契約を受注する企業がデジタルマーケティングに取り組むと、営業の嗅覚（場数からの経験則）に、足跡データという〝デジタルセンター〟が増えることになります（図１－２）。つまり、他部門の動きは、直接営業が会えていなくてもデジタルセンターという別の嗅覚でキャッチできるというわけです。「知らなかった」という機会損失を少しでも減らし、アカウント営業として既存顧客の中で横展開や深堀する動きが変わる、というイメージを持ってもらえるといいでしょう。

営業職の〝勘と経験〟にデジタルセンターが追加されることによって、クライアント内で何か動きがあったセンターが発動した時、経験則のある営業であれば、次にどのよ

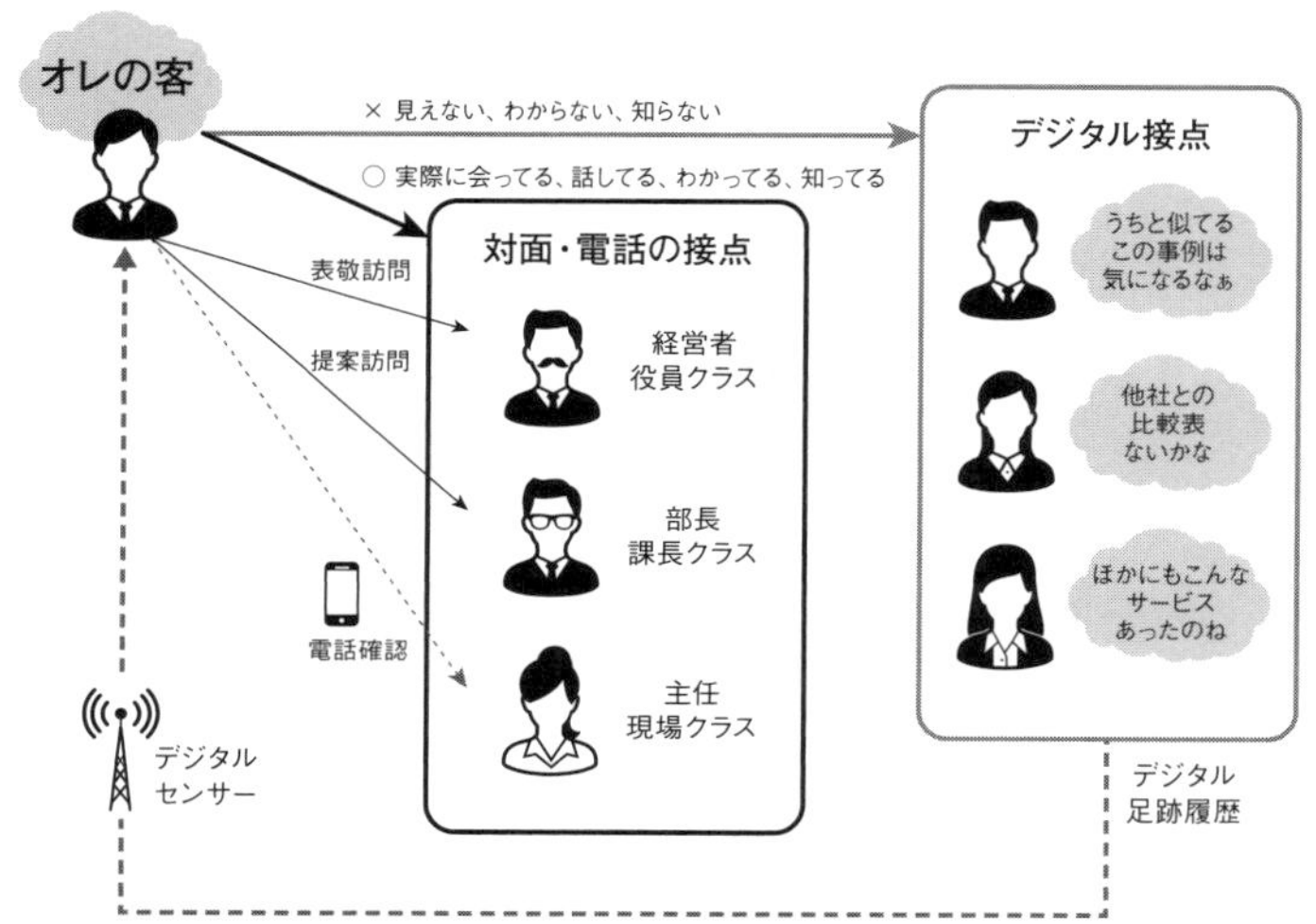

図 1-2　営業の嗅覚に、足跡データという“デジタルセンター”が増える

うな動き方につなげたらいいのかわかります。今まで営業が地道に他部門を紹介してもらっていた活動が、センサーによって裏づけされるイメージです。このようなデジタルセンサーによる傾向値を、アラート（予兆）や行動トリガーと呼びます。

　令和時代の営業価値観は〝数字指向〟と最初に紹介しました。しかし、勘と経験則を持つ〝シニア営業〟が少なくなる一方で、デジタルセンサーが発動しても何をしたらいいのかわからない営業がこれから増えてくるかもしれません。そうならないためにも、マーケターはセンサーの精度や解像度を上げ、データから次の実行に移せるような、営業への見せ方や提供の仕方、連携方法を考えないといけないでしょう。

各社はどこに組織を設置しているのか

時々、オンラインセミナーや各種講座などの質疑応答で、以下のような質問を投げる方がいます。

Q：マーケ部門を新設したいが、何名が妥当で、どのような組織評価指標を持つべきでしょうか？

この問いは、逆にこちらから更問いしています。

A：新設する組織の機能やミッションは何で、事業貢献度をどの程度考えていますか？

組織を定義しない限り、期待される回答はできないというのが本音です。必要なスキルや人数は、期待値に応じて変わるのは通説でしょう。単にパンフレットを作る業務請負組織であれば、制作数や内容に応じてスキルを持った人材をそろえるだけです。外部委託も可能です。

もし、事業目標100億円に対して10%の貢献度を持つ組織体を目指すのであれば、年間10億円の売上貢献を達成できるだけの人材とスキルセット、環境整備や運用、再現可能な仕組みなど、強い組織づくりを3年がかりで取り組むことになります。商材や案件のリードタイムによって、投資した同年期にすぐ成果に結びつくことは、ほぼないと思ったほうがいいです。成果が確実に売上数字に表れる3年後を目指して、長いスパンで考える内容になります。

よって、人数換算で他社と比較しても、まったく無意味だということに気づきます。人だけとりあえず集めても、戦略性がなければ、事業に貢献しないコスト部門になってしまいます。「短期で成果を上げたい＝売上を作りたい、でもリード情報すらない」という状態であれば、広告予算を組み〝今すぐ案件〟を見つける施策や、刈取り・焼き畑農業を繰り返すしかありません。それで本当にいいのでしょうか？「今期さえ売上が積めればいい」という発想であれば、KKDの昭和型で十分かもしれません。

もしあなたが所属する企業の役員が、短期刈取りしか見ていない方であれば、この先、茨の道が待っているでしょう。強い組織を作ることによって、営業を含めてどういう仕組みになるのか、役員の脳に将来像を描くことができなければ、世代交代の時期が来るまで、虎視眈々と今からできる準備を進めるしかありません。

企業規模によって違いはありますが、マーケティング部門は2つの型に分けられます（図1－3）。

Ⓐ委託型：本社集中型で事業部門がサービス提供先である
Ⓑ協業型：事業部内に存在し、営業と同列で協業モデルを組んでいる

Ⓐ委託型

業務委託型やサービス型のマーケティング組織は、グループ会社や事業会社が複数あるような企業が設置する傾向があります。（図1－3の①）人材を各個社やエリア単位でそろえられないため、社内向けサービス提供を一気に請け負う組織になります。グローバル企業では、米豪圏、欧州圏、アジア圏など、地域単位に組織化している企業もあるでしょう。ツールなどマーケティングに必要な環境（インフラ）を用意し、Ｗｅｂなどのデジタルコンテンツや

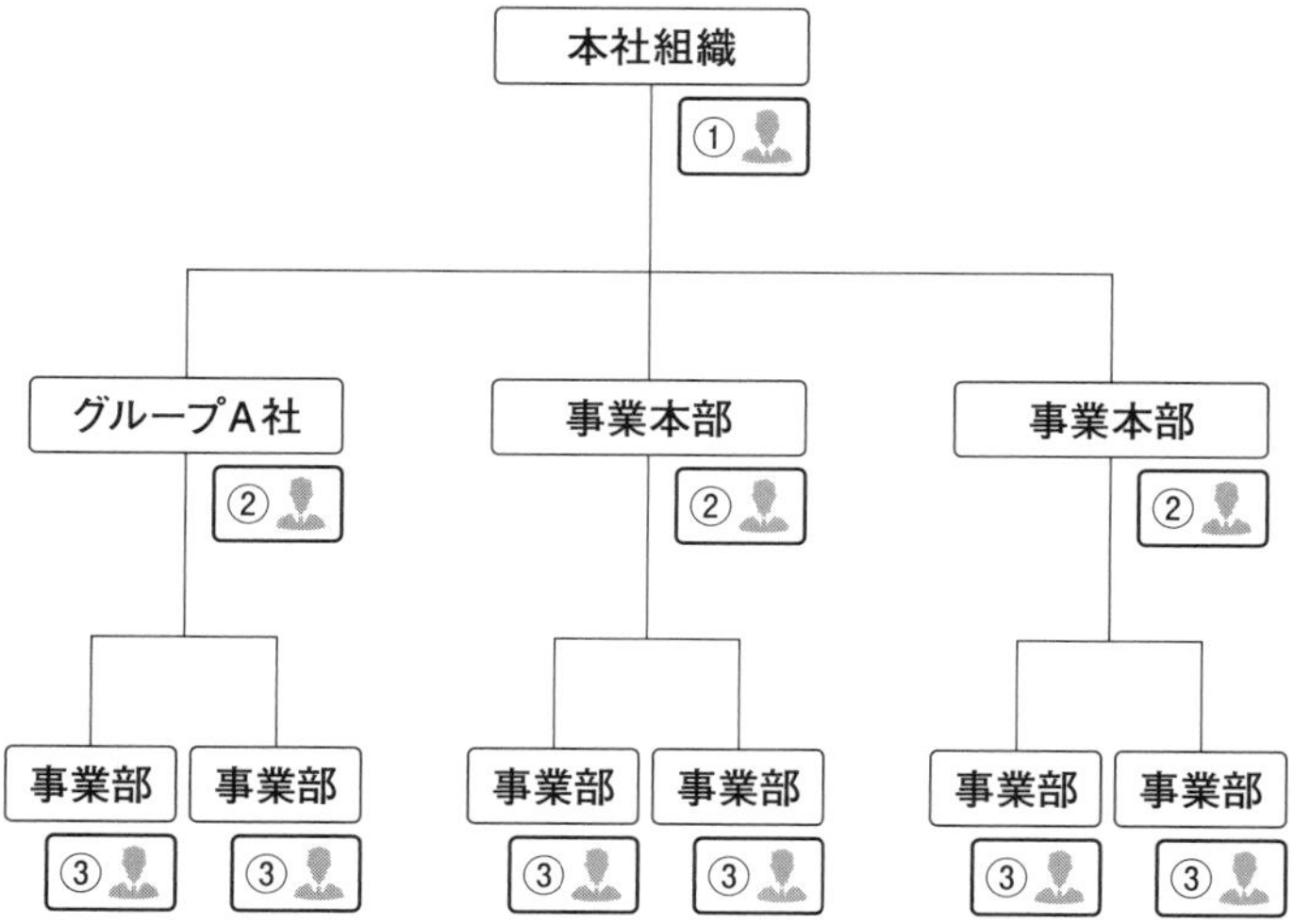

図1-3　マーケティング組織の立ち位置

パンフレットの制作や編集、メールコンテンツの作成から配信代行、展示会の運営などを担っていたりします。

ただ、①の場合の組織は、事業戦略と並行で動くというより、事業部からの依頼があって彼らの予算内で動きます。委託型であるため仕方ないですが、意志があって自ら働きかけているわけでないという点が共通項となります。コーポレートコミュニケーション部門（CC部門）から発展した組織に多く見かける傾向のため、業務請負でも社内売上を立てない限り、コスト部門として見られます（図3－7を参照）。

この組織体が、もしグループ内で抱えるマーケティングエージェンシー（別法人）の場合、グループ会社からの依頼で収益を立てているでしょう。しかし、「グループ外比率を上げろ」「そろそろ自立せよ」と本社から言われている企業では、どうやって外部の新規案件を獲得しようか、自社のマーケティングに翻弄されているかもしれません。大手広告代理店との受発注を管理するだけの契約代行エージェンシーは、事業再編の中に組み込まれるケースが増えています。

Ⓑ協業型

一方で、事業部や個社内のマーケ組織（図1－3の②③）は、協業型となります。いわゆるマーケティングコミュニケーション部門（略：MC部門）です。しかし、いまだに「マーケは販売推進やプロモーションだ」という位置づけで、営業組織内の人員としてⒶ委託型になっている企業は多いです。直接売上を上げるわけではないため、間接人員である彼ら彼女らの人事評価をどうするのか悩んでいる企業も見受けられます。

事業部内に存在しつつも委託型と同じ動きをしている企業では、営業といっしょに動く協業型を目指さないと、いつまで経っても成果の出ないマーケティング活動を継続することになります。

委託型でも協業型でも、日本国内企業でマーケティング部門を組織化しているのは、上場企業でも11％しかありません（Ｎｅｘａｌ独自調査）。

デジタルを含むマーケティングコミュニケーション部門を組織化する傾向は、年々増加し、特にコロナの影響で加速しています。ただし、「対面での訪問営業がし辛くなったから」「現実世界での展示会に出られなくなったから」という理由で業務請負や代行の組織を作るのであれば、社内組織化せずとも事足ります。

組織を立ち上げる際には、3年先5年先を見据えてどのような機能を持たせて事業全体を成長に導くのか、大きなロードマップは描いたほうがいいでしょう。方向性やビジョン、取り組みの優先順位を明確にし、社内の各部署と合意したうえで、まずは小さくても目に見える成果や結果を出すということです。

特に、マーケティング組織を、営業のバックアップ支援のように後衛部隊として位置づけている場合は、営業プロセスの前衛部隊として、組織を昇格させましょう。間接的でも数値を可視化できるプロセスがないと、評価が難しくなります。

2章

第2世代／機能集約型

マーケティング機能が集約されているが評価指標が売上や受注にはひもづいていない

分散しているマーケティング機能を1つの組織に集約した状態が第2世代です。活動自体に戦略性はなく、評価指標は部分的であって、事業の売上や受注にはひもづいていません。さきほど記載したⒶ委託型の組織に多く見られ、組織名に「マーケティング」という言葉が入らない企業も含まれます。

高機能なツールを導入しても、使いこなせずに高い利用料を払うことに

第2世代の悩みや相談の多い内容は以下になります。

・MA（マーケティングオートメーション）ツールを入れたが、成果が出ない
・インサイドセールスを立ち上げたいが、どうしたらいいかわからない
・コンテンツを作りたいが、会社のルールが厳しくて自由度が低い

「MAツールは導入したけれど、やたら値が高いメール配信ツールになってしまい、成果や結果が伴わない」と悩んでいる企業のほとんどが第2世代です。第1世代で先行してツールを入れた企業も同様です。

「獲得したリードをエクセルで管理するには限界がある」「メール配信用のシステムがない」という企業では、業務効率化の目的で比較的安価なツールを入れるのがいいかもしれません。しかし、高機能・高額なMAツールは、第1・第2世代には必要ありません（グローバル企業で、インフラの一環で入れる場合は別ですが）。

第1・第2世代が高機能なツールを導入しても、使いこなせずに高い利用料（授業料ともいう）を支払うことになります。たとえば、月30万円のツールでも、導入費を含めて、年間500万円近くに上ります。毎年500万です。足跡データ（オンライン行動データ）すらまともに残らないWebサイトを持つ企業では、「ツールを導入する前に、Webの全面リニューアルやデジタルコンテンツ拡充の予算に充てたほうがいいのでは？」と思う場合がほとんどです。予算を使う順番がまちがっています。

MAツールを一度導入すると、マーケ活動でリードを獲得するたびに情報が蓄積されていきます。さらに、自社のWebサイトにMAツールのタグを実装すると、リード（個人）のデジタル行動（足跡）データを蓄積していきます。仮にツールを入れ替えた場合、過去に獲得したリードデータを新ツールに移行する作業が発生し、デジタル足跡データも新規ツールで一から蓄積となります。このように、ツールを入れ替えるリスクは高いですが、実際に〝痛い〟経験をしてでもツールを入れ替えた企業は多く存在します（図2－1）。

		全体	上場企業
企業単位	新規実装企業	1001	69
	解除企業	380	0
	差分	621	69
ツール単位	新規実装ツール	1211	101
	解除ツール	529	44
	差分	682	57
平均／社	実装	1.21	1.46
	解除	1.39	-

図2-1　新規にツールを実装した企業、解除した企業

ツールの入れ替えについて、国内40万社のＷｅｂサイトに、どのＭＡタグが実装されているのか時系列で見てみると、さまざまな示唆が読み解けます。２０１８年時点では約３千サイトがＭＡツールを使い、２０１９年には約４・５千社、２０２０年現時点は６千サイトに実装されていました。上場企業だけで絞ってみると約10%を超え、実装率は年々増加傾向です。

しかし、そのほとんどが第１・第２世代企業の失敗予備軍※と見ています。昨今では、デジタルマーケティング戦略を立てることなく、ＤＸ（デジタル変革）投資枠の中でＭ

※マーケティング組織の第１世代や第２世代の企業が「ＤＸにはＭＡツールが不可欠だ」とツール先行で導入すると、成果が出ず無駄な投資に終わるという意味。

Aツール費を組み込む企業も増えていることから、偏った認識で導入が進む傾向はまだまだ続くでしょう。

2018年と2019年を比較してみると（図2-1）、新規にツールを実装した企業は40万社中の1001社、解除した数は380社、差分として621社が純増したという結果になります。

ツール単位で見ると、新規実装は1211、解除は529で、純増として682ツールです。1社あたりの平均数で見ると、実装1・2に対して解除が1・4となっていることから、「複数ツールを入れてみたが結果的に解除（解約）している」という傾向が読み取れます。新規にツールを入れるだけでなく、入れ替えや解約をしている傾向がこの結果からわかります。

おそらくみなさんが気になる点は、「どのツールからどのツールへの入れ替えが多いのか」ですが、

・高額な海外製ツールから安価な国内製ツールへ移行
・中堅海外製ツールを導入後に解除（解約）

という傾向が見られます。

ツール名	新規実装	解除	差分
A	434	101	333
B	162	79	83
C	133	55	78
D	105	36	69
E	78	50	28

図2-2　上位5種ツールの実装と解除傾向

参考に、上位5つのツールの2018年と2019年の新規実装、解除、差分について記載します（図2－2）。

差分の純増で見るとツールAが実質No.1ですが、解除数もダントツNo.1です。とりあえずツールだけ入れたが、マーケティングに取り組んだことがない世代は〝成果〟が出ないため、解除する傾向が読み取れます。目的に応じてツールは必要になりますので、まずは自社組織で何が必要なのか見極めたうえで、道具選びをしましょう。

組織はあるが、これからどうするか。第2世代の対策について、以下3点を解説します。

・マーケティング方針や優先順位など戦略性を持つ
・標準的な〝ものさし＝プロセス〟を社内用に定義する
・インサイドセールスの役割を決める

マーケティング方針や優先順位など戦略性を持つ

マーケティングで「戦略性を持つ」とは、事業戦略のロードマップに沿って中長期でのマーケ方針や優先順位があり、評価軸や指標が整理されていることをいいます。社内で整理する場合は、以下の点に沿って議論を進めましょう。

・事業戦略（目指しているシェア、売上、業界や業種など）
・自社のポジションを明確にするために、顧客のセグメントとターゲット軸をどう分けるか
・既存や新規、または既存でも取引部門と未取引部門などの分類・棲み分けをどう考えるか
・現在の商流や営業がタッチできる範囲と希薄な範囲はどこか

・デジタルマーケティングやマーケ組織が注力する範囲と順番をどうするか

気合と根性の中期事業計画の話でも書きましたが、役員会に提出する事業計画が半ば思いつきで、努力目標の曖昧な売上数字しか書いてなく、何を実行するのか見通しすらつかない企業では、マーケ脳を持たない昭和型を駆け抜けた事業本部長が長年居座っています。その曖昧な事業計画をどう遂行するのか、理論立てて組み立て直しましょう。

ビジネスマーケターであれば、目標数字の売上計画の前に、以下のことをしておくことです。

・自社ソリューションや商材を必要とするお客さま内の課題とは何かを明確にする
・それらを必要とする企業（ターゲット）は何社、何組織存在するのかを数字で把握する
・〝顧客〟とはどのような企業属性を指し、どこまでをターゲットに含めるのかを整理する
・キーパーソンはどのような個人属性を持つ対象かを定義する
・取引を拡大したい相手であれば、どこまで接触できているのか実態を知っておく

社内の実態を知り、議論を重ね、自社の方針を固めるプロセスに時間を割いてください。

・議論の場や時間を持たない
・〝顧客〟はだれか整理していない
・ターゲティングが曖昧

そんな会社に、マーケティング戦略は存在しません。

マーケティング戦略の大前提となるのは、事業戦略です。「言われたからやる」ではなく、「なぜ必要なのか」「何を目指しているのか」という疑問や興味探求心を持ち、積極的に部長クラスと議論をおこないましょう。昭和型の営業部長でも、コロナ危機でデジタル接点の重要性は理解されているはずです。

なお、マーケ組織が事業部内にある場合は、まだ議論をしやすい環境でしょう。さまざまな弊害や障壁はあっても、事業部長や本部長を筆頭に、1つの事業に注力すればいいからです。しかし、複数事業を横串で見るマーケ組織（本部）であれば、どの事業を優先させるのか、どこに〝人・モノ・カネ〟のリソースを投下するのか、配分はどうするかといった課題に当たります。

グローバル企業であれば、事業単位だけでなく、どのリージョン（地域）や国を優先的におこなうかといった、地理的な議論も入ります。そうなると事業戦略以前に経営そのものの話となるため、マーケティング≒経営戦略に近づいていきます。

このような視座を持つマーケ組織は、経営企画や事業開発部門などと横並びで、すでに経営直轄のマーケティング組織となっているでしょう。人によってマーケティングの定義が異なりますが、マーケティングはプロモーションのことだと思っている人や、手段の1つとして想起される人ほど、その会社における〝マーケティング〟の認識は経営から遠いといえるかもしれません。また、事業戦略や経営戦略など事業責任者と対等に話せるビジネスマーケティングのリーダーを、社内育成・輩出することも重要と考えます。

外部に依頼するにも問題が

組織が第3世代を過ぎると、年間予算もそれなりに役員会で認められて社内体制や環境が整ってきますが、第1・第2世代の企業はそもそも手足となる実行部隊がなく、万年人員不足です。外部に依頼しないと手が回らず、どのベンダーに委託したらいいのか、どう選んだらいいのか悩む企業もあります。

マーケティング界隈には、さまざまなベンダーがいます。

・広告代理店（ブランディング視点からリアル×デジタル広告プランを提案する）

・オンラインメディア（メディアプロモーション、コンテンツ制作代行などを提案する）
・Ｗｅｂ・コンテンツ制作会社（Ｗｅｂのリニューアルやコンテンツ制作をおこなう）
・ＢＩ・ＡＩデータ分析会社（Ｗｅｂ解析や分析などを提案する）
・マーケティングエージェンシー（ＭＡツールの運用代行、キャンペーン設計からメールシナリオ実行までおこなう）
・アウトソーサー（電話や資料送付、Ｗｅｂ運用、出展時などに作業を代行する）
・ツールベンダー・販売代理店（ＭＡや企業ＤＢなどシステムやツールを開発・販売する）
・システムベンダー（システム同士をつなげるＲＰＡ開発やクラウド導入を請け負う）
・ＨＲベンダー（知識や方法論など教育や人材紹介などをおこなう）

提供できるサービスやソリューションが重複するベンダーも多いですが、おおよそ上記のような分類になります。

第三者として、「外部に依頼したい業務内容」と「提供できるベンダー調査」のマッチングや1次選定をおこなっていると、希望どおりの要件を1社ですべてお願いできる企業は意外と見つかりません。「トータルソリューション」や「ワンストップサービス」と謳うベンダーほど、蓋を開けてみれば別会社に再委託していることがほとんどでしょう。

たとえば、ＭＡツールの運用・設定代行、ランディングページの制作、メール配信作業まではできても、コールドコールまで提供できる会社は数社しかありません。または、「電話代行やメール配信代行は専門的にできるが、シナリオ設計やコンテンツ制作はできない」など、実態としては〝帯に短し襷に長し〟状態になります。

各社のマーケティング組織から寄せられた悩みを紹介します。

「某ツール代理店は売って終わりで、やってくれた内容は設定代行まででした。何をしたいのかこちらから要望を伝えない限り何も考えてくれず、契約した導入チケットがすべて無駄に終わりました」

「マーケティングエージェンシーに依頼したら、Ｗｅｂガバナンスの確認もせず、ランディングページが乱立して、キャンペーンが終わってもそのままになっています」

「リードから抽出したターゲットに対してメールマガジンの運営は任せているが、ほかの獲得施策については相談相手にならなかった」

「データ分析を依頼したら結果については報告してもらったが、今後どうしたらいいのかまで知見がなく、単に作業を代行してもらっただけだった」

「インサイドセールスをアウトソーサーに委託したらアポの数は取れたが、結果的に成果（提案）まで1件もつながらなかった。どうしたらいいのか聞いても、まったく助言がなかった」
「Ｗｅｂリニューアル時にコンテンツをどう作るかという話と、獲得したリードをどうマーケティングとして活用するかという話の両方を相談できる相手がいない」
「広告代理店にコンテンツの制作を依頼したら、読み物コンテンツばかり増え、獲得したリードはターゲット外ばかりだった」

戦略がなければ、ベンダーは作業請負で終わる

提供側の立ち位置もいろいろありますが、特に上記のような悩みを訴えてくるのは第１・第２世代が多いということです。成果を出すには、道具ではなく使う側の仕組みや考え方が大前提となります。しかし、成果が出ないと道具から入った企業は道具のせいにする傾向があり、人任せから入った企業はベンダーのせいにします。

個人的には、提供ベンダーより、多くは発注側の潜在的な意識（過度の期待）に問題があると考えています。作業を委託したいだけか、知見を社内で吸収したいのか、そもそも自社の戦略がない・何をしたいのか要望すら伝えられない状態では、請ける側も作業代行で終わります。

〝○○コンサルティング〟という名称から、何か示唆や知見や体験を提供されると勘違いし

ていることも問題にあがります。ツールの導入コンサルは〝設定代行サービス〟と同義語だと思ったほうがいいでしょう。自社のやりたいことを噛み砕いて理解し、助言やアドバイスをもらうことを期待するのであれば、契約時にノウハウを提供してもらえるのか確認しておきましょう。

仮にベンダーのカスタマーサクセス担当者が自社に付く場合、だれが自社を担当してくれるのか、その方には豊富な知見があるのか事前に聞いておくことです。試しにやりたいことをリストアップしておき、どう実装するのか・解決できるのか、テスト的に質問を投げてもいいでしょう。

ツール販売代理店の営業トークで、「何でもできます」「すぐに案件が増えます」と嘘をついてまでツールを売りつけるのは大問題です。MAに限らず、ツールの屍が増える現況はここにあるといってもいいでしょう。実際にMAツールを販売・代行している会社自体、戦略性を持ったマーケティングには取り組んでおらず、売っているツールすら自社で使っていないことのほうが多いです。

発注する側は、ベンダー任せにするのではなく、自分たちの頭で常に考え抜く意識を持ってほしいところです。

マーケティング&セールスプロセスを定義する

社内にマーケティングや営業プロセスがない場合、関係する部署と議論しながら、共通のものさしや基準を作っていきましょう。手順としては、以下の3点です。

①社内のマーケティング&セールスプロセスを整理する
②マーケティング活動や営業活動での接点をプロットする
③リードマネジメントプロセスを定義する

①社内のマーケティング&セールスプロセスを整理する

まず、マーケティングプロセスの一例を紹介します（図2－3）。

見込案件の発掘活動は似たようなプロセスになりますが、営業プロセスは商材によって変わるでしょう。特にソリューション販売の場合は、お客さまの課題の合意形成から入る場合もあり、一概に「比較検討して導入」という流れにはなりません。社内で営業管理ツールで案件管理をおこなっている場合、商談の進捗ステータス区分として管理している場合もある

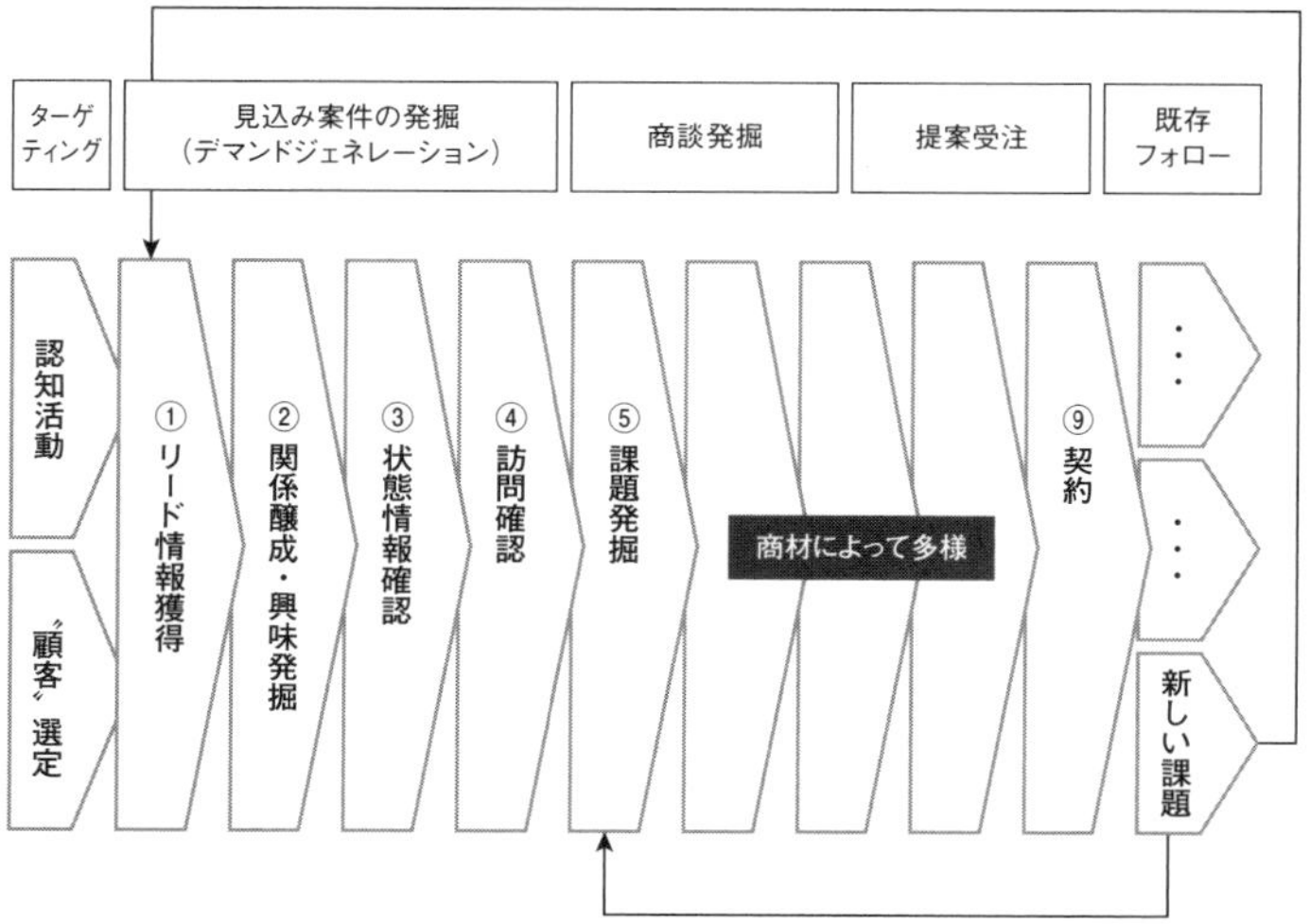

図2-3　マーケティング&セールスプロセスの例

ので、その区分値と照らし合わせながらプロセスを決めるといいでしょう。

②マーケティング活動や営業活動での接点をプロットする

上記のプロセスを整理した後、社内で実施しているマーケティング活動は上記プロセスのどの範囲なのかを決めていきましょう。たとえば、オンライン展示会の申込フォームは「リード獲得」になりますが、お客さまから見れば1つの点です。どのような接点が社内で存在するのか、マーケティング活動だけでなく営業やパートナーも含めて点をプロットしていくと、全体の活動が見えてきます。「マーケ施策がリード獲得に集中し、その後のプロセスの活動が何も

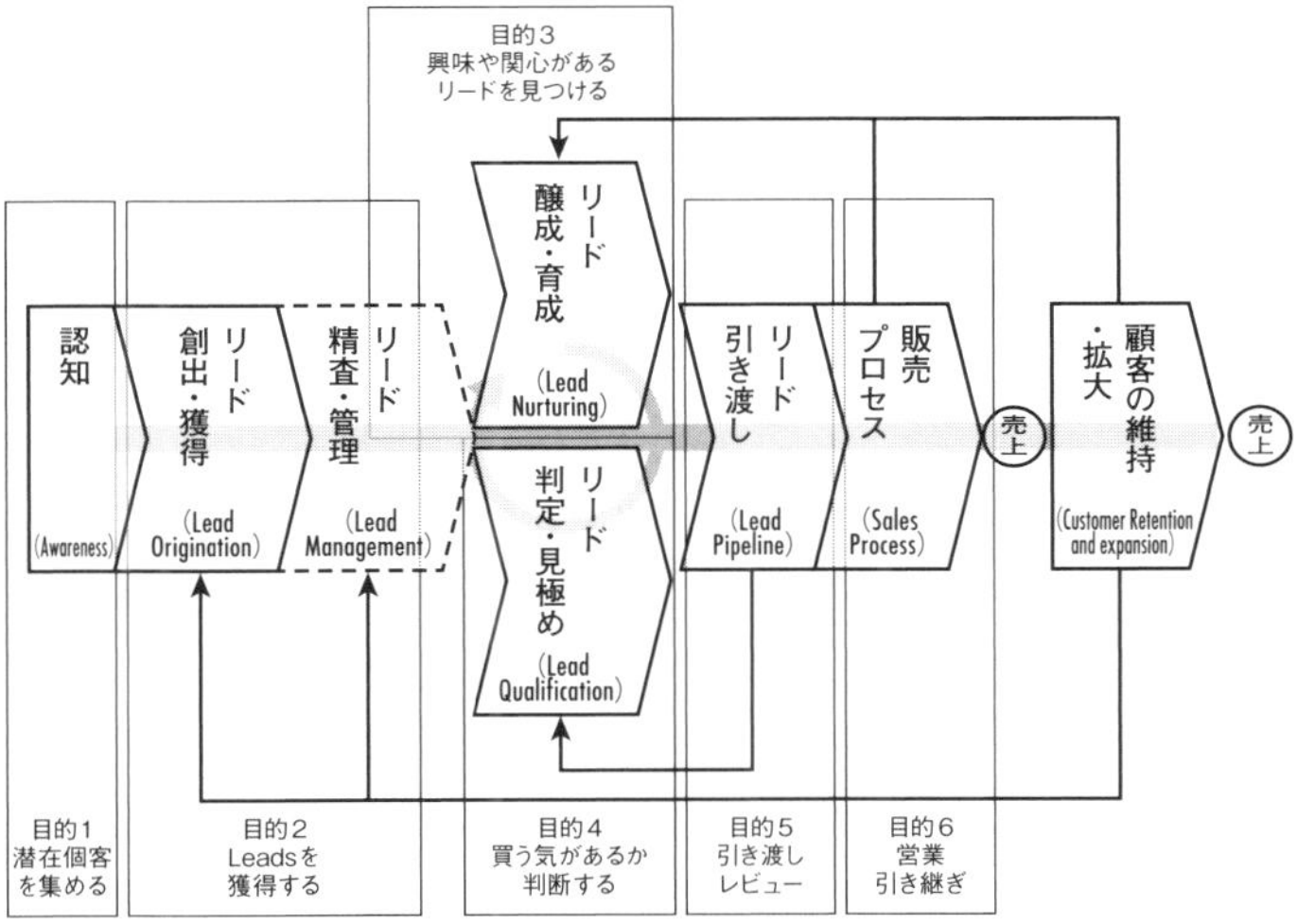

図2-4　リードマネジメントプロセス（©Nexal, Inc.）

ない」という実態が明らかになったりします。

③リードマネジメントプロセスを定義する

そして、社内でのリード管理のプロセスを定義していきます（図2－4）。

特に第2世代は、リードを管理するプロセスが整理されていないことが多くなります。リード（Lead）は英語ですが、（セールス）リード＝販売や契約に導く・つなげる・引き合いといった意味です。リード情報とは「直接連絡が取れる法人内の個人」を意味します。また、個客の状況や管理プロセスに応じて、名称が分けられます（図2－5）。

デジタルマーケティングを学ぶと、どこ

目的1	潜在個客を集める	UB	Unique Browserの略 来訪者や訪問者を意味するUV（Unique Visitor）やUU（Unique User）と同じ
目的2	Leads（Lists）を獲得する	MGL	Marketing Generated Leadsの略 マーケティング活動によって獲得したリード（リスト）のこと
目的3	興味があるリードを見つける	MEL	Marketing Engaged Leadsの略 テーマやソリューション・プロダクトに興味をもったリードのこと “興味を持つ”というアクセス行動の定義は、個別に設定する
目的4	お客様の状況を確認する	MQL	Marketing Qualified Leadsの略≒案件確度の高い見込個客 例：お客様の【状況】や【状態】を聞き出せた数のこと。確認する項目（課題感、予算感、導入・検討時期など）は、商材によって事業部や営業と協議して設定する
目的5	案件候補を営業に引き渡す	SAL	Sales Accepted Leadsの略 訪問許可やお客さまの要求・依頼があり、営業へ引き継いだリードのこと
目的6	営業が提案や商談を進める	SQL	Sales Qualified Leadsの略 案件や商談として登録された時点でSQLとカウントする

出典：『マーケティングのKPI―「売れる仕組み」の新評価軸』日経BP社

図2-5　リードマネジメント定義例（©Nexal, Inc.）

かで「MQL」や「SQL」といった3文字用語を目にすることもあると思いますが、これらは個客がどういう状況なのか自社で管理しやすくするために定義します。かんたんに記載すると、MQLは（案件確度の高い）提案見込み個客、SQLは（受注確度の高い）商談個客といった意味で分類します。国内企業だけであれば、3文字に略さなくても、日本語で十分です。管理しやすい定義名をつけていきましょう。

リードマネジメントプロセスで見落としがちな点は、リードの精査・管理プロセスです。「展示会で名刺を獲得した」「広告でリストを入手した」「オンラインセミナーフォームからリード情報を獲得

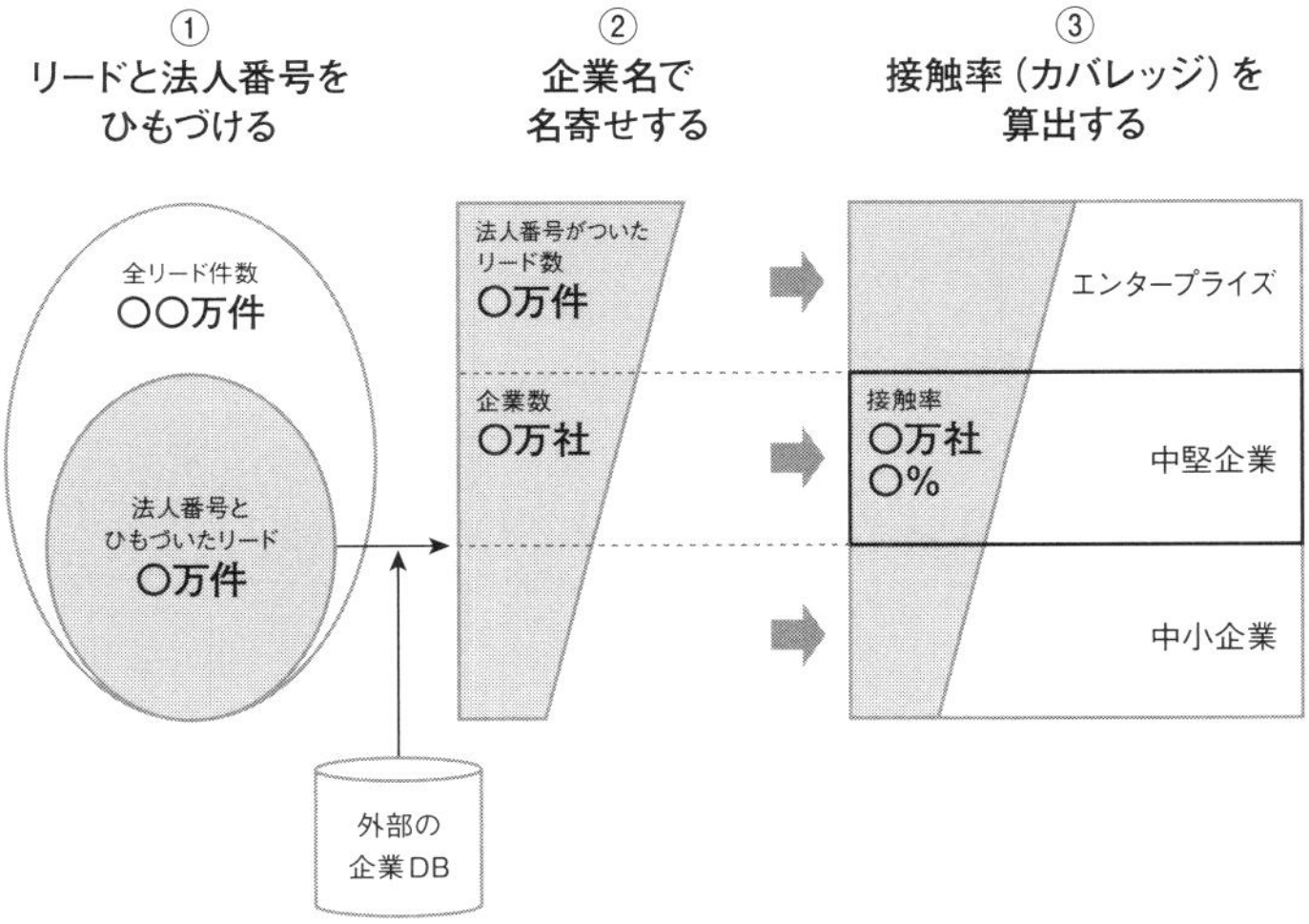

出典：『マーケティングのKPI―「売れる仕組み」の新評価軸』日経BP社

図2-6　業種別などの市場規模から接触率を算出する

した」など、マーケティング活動によって接点が生まれます。第1世代のところでも記載しましたが、ここで獲得したリード情報を一元管理し、常に最新データとして名寄せや管理できている企業は少ないのです。活動単体では評価できても、新しく獲得したリードと過去の活動で持っているリード情報を比較して「どの程度重複しているか」「ターゲットは何％含まれているか」など、運用するためには人的リソースが必要になります。だれがリード管理の運用をおこなうのか、社内か外注か含めて体制を考える必要があります（図2－6）。

また、リード情報に業種などの企業属性を付けると、より詳細に現状を可視化することができます。社内独自で企業コードや企業団体コードなど付与している企業もありますが、マーケとしてリード情報を管理する際には、法人番号とひもづけておくと、社内連携もスムーズにおこなえます。

第2世代のインサイドセールス（IS）は失敗する

第2世代に多く見られるのが、「MAツールで成果が出ないからインサイドセールスを立ち上げよう」という発想です。社内本部側でマーケティング組織はあっても委託型のため、営業や事業部でインサイドセールス部隊を立ち上げる話が出てくるのです。しかし、事業部側の営業組織内にインサイドセールスを設置する場合、フィールドとインサイドの役割分担、デジタルとフィジカルの役割分担などがまったくないと、〝単に電話をかけまくるアウトバンドコール〟になり、成果は期待できません。

たとえば、MAツールはリード管理とメール配信、オンライン行動を点数化する部分で使い、動きがあった担当者に様子伺いのご用向き電話をかける――この手法も、相手の興味関心関係なく電話をかけるテレマーケティングよりは一歩前進かもしれません。しかし、「インサイドセールスチームはどのような顧客層に対して何をミッションとするのか」を全体設計から考えない限り、一過性の電話セールス部隊となってしまうでしょう。

最近、以下のような相談が増えてきています。

Q：インサイドセールス部隊を新設したいが、何名が妥当で、どのような評価指標を持つべきでしょうか？

何か、前に一度書いたことがあるような文章です。

この問いに対して、あたかも正解のように一所懸命解説している方もいますが、愚問愚答です。この問いも、逆にこちらから問い返しています。

A：新設する組織の機能やミッションは何で、事業貢献度をどの程度考えていますか？

ＳａａＳモデルの会社で、新人営業でも売れる黄金パターンと営業ツールがそろい、非対面でものが売れる企業であれば、米ツールベンダーが提唱するモデルを参考にすればいいでしょう。一般的なＢｔｏＢ企業の営業組織の型は6つに分かれるという話を序章でしましたが、「インサイドセールス組織はどこを担うのか、それはなぜか」を議論しない限り、単なる手段の話で終わる可能性が高くなります。

・MAツールは導入していても、一部の機能しか使っていない
・マーケティングプロセスやパイプラインも整理・定義されていない
・自分たちの顧客はだれか、セグメントや市場はどうなっているかが見えていない

このような段階でインサイドセールスを立ち上げる話が出たら、危険な兆候と見ています。早急に手術が必要でしょう。

外部の営業代行会社などから「インサイドセールスをアウトソーシングしませんか？」という提案を受け、それを鵜呑みにし、高い委託契約費を払った企業では、

「訪問先（アポイント数）は増えた。ただ、訪問してもまったく提案までつながらず、無駄足になった」

「売上にはまったく関与できなかった」

という、一種の〝騙され話〟を耳にするようになりました。

外部委託をすると、その諸経費に対しての効果や成果を求められます。つまり、評価ポイントは中間ゴール地点の〝訪問許諾数〟になります。相手に課題があろうがなかろうが、オンライン商談でも対面でも話ができればOK、アポ日程が獲得できればいいというレベルにすぎません。ターゲット企業が決まっていて、挨拶レベルでも担当者とコンタクトしたいアカウント営業やプロダクトの新規営業など、明確になっていればいいですが、見込み案件につなげるという〝質〟を求めるのであれば、単に訪問や会話ができるだけでは事足りません。また、定義が曖昧なキーパーソンらしきリードを増やすことはできても、課題を聞き出して提案できるタイミングかどうか、基準を作っておくことです。ここまでをインサイドセールスの評価対象にしないと、1コール平均単価で計算するテレアポ代行業務に対価を払うことと同じ扱いになります。〝テレマーケティング〟を〝インサイドセールス〟という名称に置き換えただけのお話にすぎません。

外部に委託するのであれば、契約に近い「見積依頼」や「提案可能」な件数で評価し、「実績（売上）のX％」で対価を支払うべきでしょう。電話にかけた工数に対する対価ではなく、成功報酬型にしない限り、インサイドセールスを外注して評価するのは難しくなります。コミッション（成果報酬）型の提供ベンダーはまだ少ないですが、これから増えると予想しています（インサイドセールスの役割範囲は、第3世代で解説します）。

まとめると、第2世代が最優先にやるべきなのは、次のことです。

・戦略性を持つ
・プロセスを可視化する
・ビジネスマーケターの視点を持つ

第2世代が始めるインサイドセールスの悲劇は、フィールドセールスで結果が出ない人員を寄せ集めたテレマ型となり、肩たたきや窓際組織となることです。そのような組織から引き渡されたリードを、実績を積みプライドが高いトップ営業が引き継ぐことはないでしょう。MAの屍が増える悲劇と同時に、インサイドセールスの悲劇が生まれないことを祈ります。

3章
第3世代／ファネル型
マーケティング戦略があり、活動の貢献度が把握できている

マーケティング戦略があり、各マーケティング施策が売上や案件にどの程度貢献したのか、一連のプロセスとして結果を把握できている状態の企業が、第3世代（ファネル型）です。ファネルとは、漏斗のように上からリードが入り、選定・厳選されて受注に至るプロセスを表したものです（図3-1）。海外のマーケティングファネルでは1つの漏斗で表現されますが、国内の多くの企業は2つの漏斗が縦にくっついたファネルになります（図3-2）。高機能のMAツールを導入し、部分的であっても成果を出している企業は、第3世代に分類されます。

リードは獲得できても、関係醸成の方法がわからない

第3世代になりきれない企業から聞く悩みは以下になります。

・獲得したリードとの関係醸成の仕方がわからない
・成果をどのような指標で測ればいいのかわからない
・商談見込みリードを発掘できない

リードは獲得できても関係醸成の方法がわからない企業は多いようです。海外のキャンペ

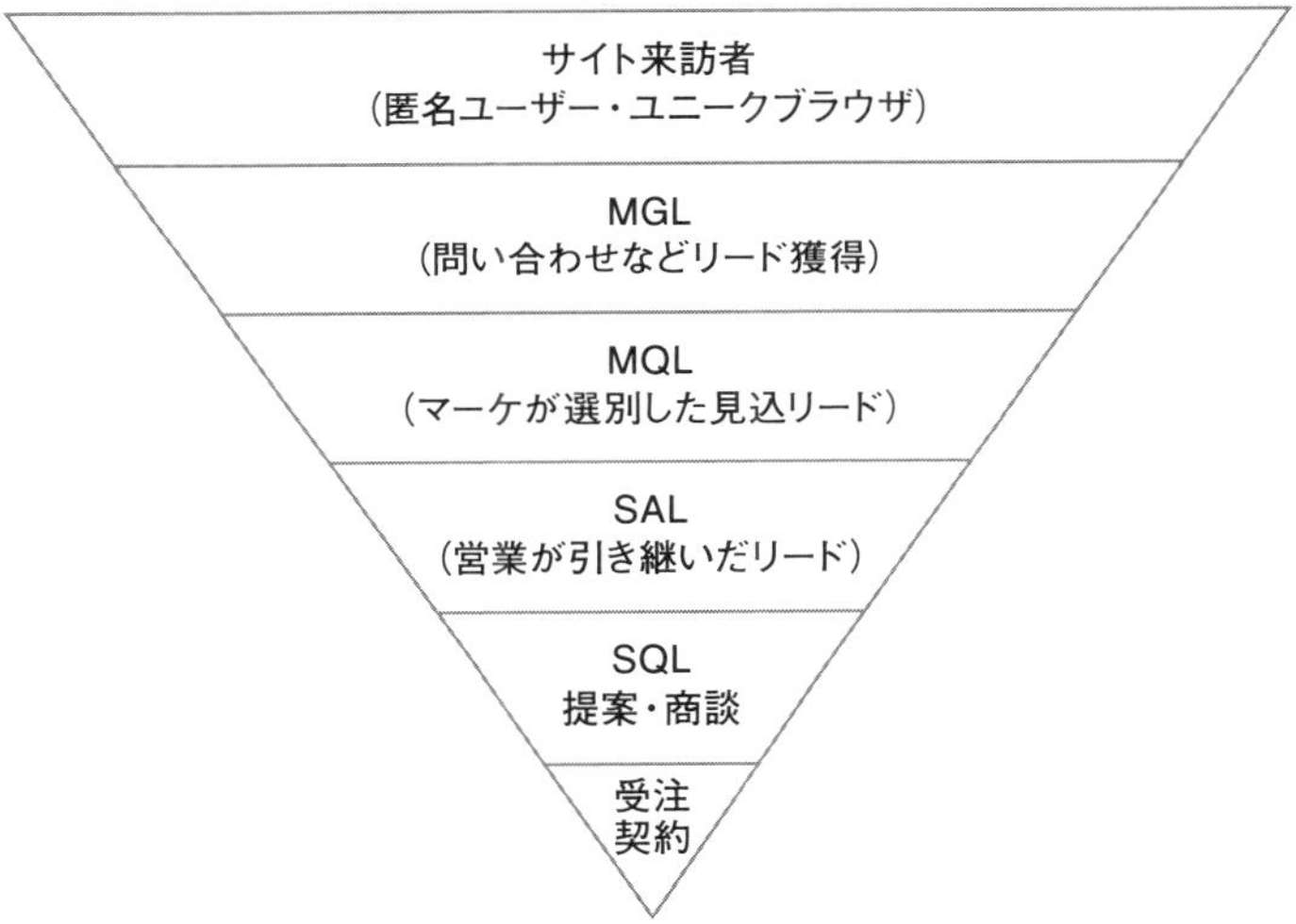

図3-1　海外のマーケティングファネル

ーンシナリオを真似すれば売上が上がると勘違いしている企業や、欧米キャンペーンのコピー&ペーストをして成果が出ないと悩む傾向があります。失敗例をいくつか紹介します。

①メールがスパム化している

獲得したリードに対して、見込み顧客になるまでメールを一方的に送り続けることが〝関係醸成〟だと思っている企業は、ほぼ成果がゼロです。商材ごとにキャンペーンを実施している企業では、ひたすらメールを送り続けていました。ＩＴ系商材を販売する企業であれば、商材が異なってもキーパーソンはほぼ同一人物です。プロダクト単位に同じ人へメールを送り続けるとどうなるでしょうか。メールがスパム化して開封すらされず、メール拒否（オプトアウト）につながってしまいます。「何日以上は空ける」「同じ人には月何回以上は送れないようにする」という基本的な設定すらしていない企業や、セミナー案内メールしか送っていない企業では、いったんメールの配信を止めてみてもいいでしょう。

②まちがったシナリオメールを送る

これは「購買マインドに沿ってメール（コンテンツ）を送れば買う気が醸成される」と勘違いする企業に多く見られます。

リードを管理しているデータベースから、一定条件で抽出した対象に対して初回メールを送り、反応したら2回目のメールを送る、さらに反応したら3回目メールを送るという、売り手都合で考えたシナリオテンプレートがあります。某企業では、抽出リード500件に対してメールを送信し、1回目のメールの反応者に2回目メールを送ったところ、だれも反応がありませんでした。3回目をどうしようかと悩んだ末、結局500件全員に送りました。これではシナリオを考えるだけで無駄です。

笑い話ではなく、国内ＢｔｏＢ企業であれば、保有しているリード数自体が少ないでしょう。中堅クラスの企業では、５万件もあればかなり多いほうです。対象を業種や役職、部署ランクで絞るほど、ターゲット数は減ります。メールの平均開封率が3％以下だとすると、3回目に送る対象はゼロか数人しか残りません。海外は数十万件のリードに対して実行するキャンペーンシナリオだからこそ、分岐型のシナリオが効果的なのであって、国内で同じことをおこなっても結果が出ないのはあたりまえです。シナリオメールを検討する際に重要な点は、送り手の企業都合でメールを送るのではなく、リードの状態や行動タイミングに徹底的に合わせることです。

③1人の行動をスコアリングして一喜一憂している

主要MAツールにはスコアリング機能が搭載されています。あるページを見たら10点、関係のない採用ページを見たらマイナス10点、資料をダウンロードしたら20点など点数をつけていき、スコアが高いリードほど興味関心が高いという判断材料に使います。ツールによって加算方式や割合方式かの仕様は変わります。

自分たちの商売相手かどうか、企業規模や属性プロファイルを見ることもなく、1人の行動だけを追うとどうなるでしょうか。点数が高かったリードすべてに電話した実話を紹介します。

A：決裁権限や予算を持っていない部長代理が、資料集めに専念していた
B：ご子息が自社に入社し、気になってウォッチしていた
C：新人が業界勉強のために資料収集していた
D：Ｗｅｂ制作会社が、自社のＷｅｂテンプレートを参考にしていた

Aのように決裁権限がない相手でも、企業規模や所属名から将来の取引相手になる可能性が少しでもあるなら、ゆるく付きあっておくといいでしょう。もしかしたら、社内決裁時のご意見番の立場かもしれません。

Bは、ターゲット外なら論外です。企業属性でフィルタ（除外設定）をかけておきましょう。

Cは、勉強のためといいつつ、ターゲットとする企業属性であればAと同じです。印象を残しておくコミュニケーション施策もいいでしょう。

Dは、Ｗｅｂ制作会社も取引相手になればいいですが、自社商材（機械部品など）を購入する可能性がゼロであれば、業種でフィルタ設定しておきましょう。（このあとの「行動履歴すら残らない企業で、ＭＡツールのスコアリング機能を使っても意味がない」を参照）。

「事業全体から見るとどの程度の貢献度か？」という視点で評価する

ツールなどの環境整備に高額な投資をした企業ほど、経営層から成果を求められます。「リードを何件獲得しました」ではなく「見込み商談を何件発掘できました」というレベルまでレポートしている企業もいるでしょう。

本章の冒頭で提示した図3－1は海外で見られるマーケティングファネルですが、国内ではこのような綺麗なファネルは成り立ちません。この図で整理できる業態としては、SaaSサービス系か、設立10年以内の立ち上げ期ベンチャーになります。ただ、グローバル展開している企業で、現地法人や販売子会社がまだ存在しない場合、デジタルマーケティングの方法論（フレーム）を活用して市場を開拓する時のみ、図のファネルで説明できます。

国内に言及すると、日本の全産業のうち3割近くを占める製造業では、上記ファネルは絶対に当てはまらないと断言できます。

- 開発と販売会社が異なる企業
- 設計と生産の事業会社が異なる企業

・パートナーを通じた間接販売が売上の半数以上を占める企業

など、特に物理的な商材出荷を伴う製造業の場合、途中のプロセスがまったく可視化できない企業が大半です。また、ＯＥＭ提供などによって納品や設置、利用しているエンドユーザー情報すら把握できてない企業もあります。上記ファネルのようにマーケ活動と受注結果を結びつけること自体、基幹システムを刷新しない限り難しいということです。

ファネルで表現すると、国内企業では図３－２のような２つ重なった形になります。この図でもはあてはまらない業態も、もちろん存在するでしょう。

第２世代（機能集約型）の企業では、ファネル自体が重なり合っていません。自分たちの活動が事業に貢献しているのか、トレースする指標や仕組みを持っていないためです。プロセスがつながっていない第２世代でも、マーケティング活動単位に接触した企業名と受注した企業名を突き合わせると、１～２％相当の貢献度はあります。

第３世代は、「マーケティング活動から発掘された案件は、事業全体から見るとどの程度の貢献度か？」という視点で評価をおこないましょう。特にリードタイムが長い商材の場合、受注や契約まで結果を追うと、３年先から5年先まで見ないといけない業態もあります。商談機会を発掘できた時点で金額換算することをお勧めしています。平均案件単価で算出しても

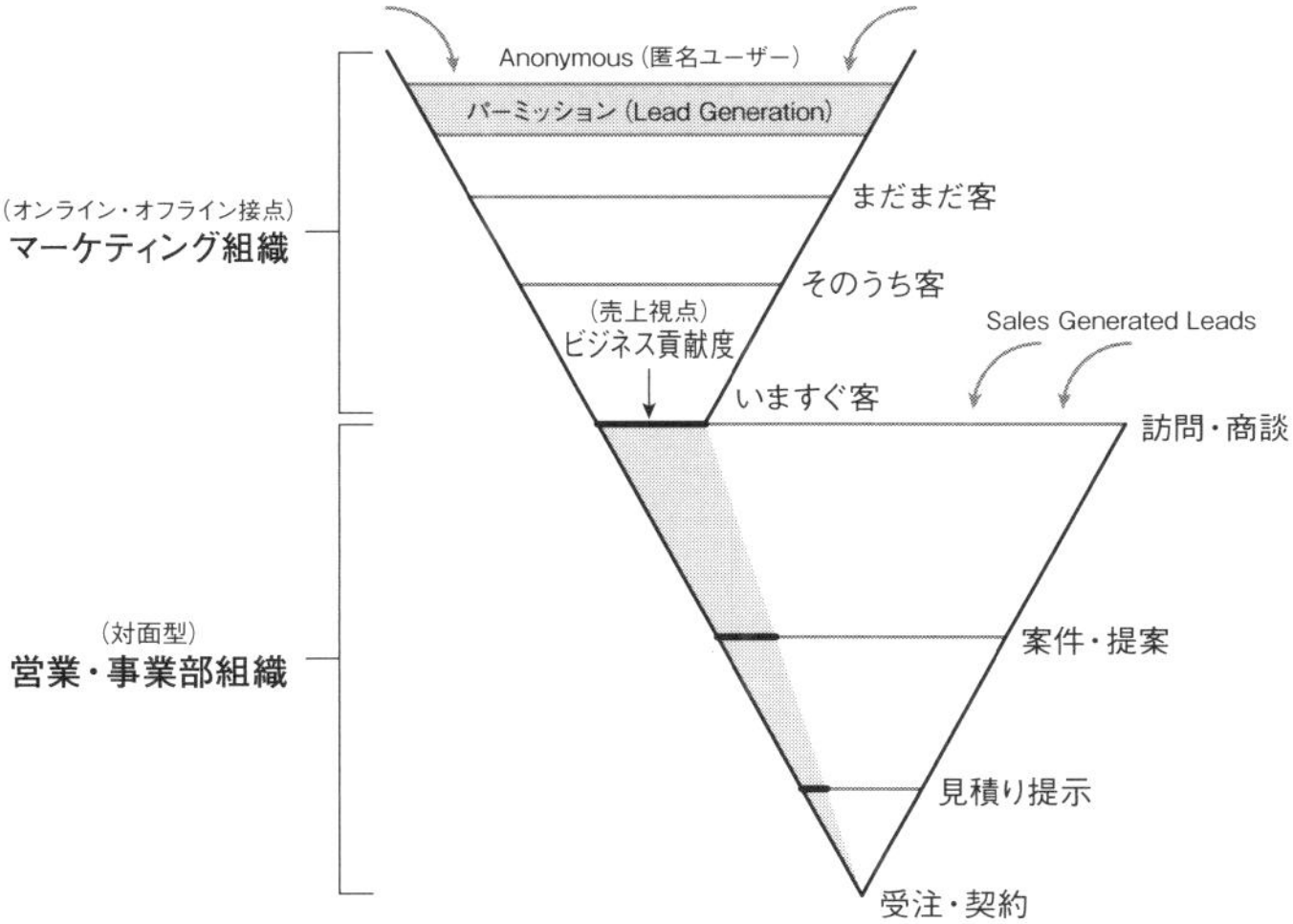

出典：『マーケティングのKPI「売れる仕組み」の新評価軸』日経BP社

図3-2　国内企業の2ファネル（©Nexal, Inc.）

いいでしょう。

また、事業貢献率の目標を置くのであれば、取り組み3年目で10％を超えれば、平均的な成長率となります。この数字は、商流や販売網が確立されている既存商材の場合に限るので注意してください。200事業体以上のプロジェクトを通じて言えるのは、以下の数字が平均値になることです。

・1年目の目標：3～5％
・2年目の目標：5～8％
・3年目の目標：8～10％

取り組み3年目にして10％にまったく届かない企業と、3年目で30％を超えたという企業もあり、その差はかなり開きます。売上10億円の事業でいえば、3年目にまだ3000~5000万をウロウロしている成果と、マーケ組織が3億円以上の案件を創出している企業の差になります。両企業とも、案件単価は300万円から最大5000万前後で、平均的な案件単価は約500万円です。前者の場合、投資した額に対して回収すらできていないコスト部門となり、おそらく失敗の烙印を押されて二度と挑戦できない社内風土になっているかもしれません。

それでは、3年目の事業貢献10%以上を目指すために何に気をつければいいのでしょうか。成果が出る企業と出ない企業のどこが違うかといえば、大きく3点挙げられます。

①営業との連携について深く議論され、ルール化している
②MAツールの特性を理解し、インサイドセールスの役割が明確になっている
③コンテンツがバイヤーズジャーニーに沿って水漏れを起こしていない

営業との連携方法を議論し、ルール化する

見込み個客を発掘する「マーケ組織」と、提案して契約まで担う「営業組織」の連携が大

切なのは、みなさんも理解されているはずです。この2つの組織が同じ事業部内であれば、担当役員が同じであるため、関係者を集めた議論もしやすいでしょう。

一方で、次のようにまったくの別組織や別会社の場合、ゴールを共有して協力を仰ぐためには、役員や上長同士の合意が必要になります。

・本部組織のマーケとグループ個社の関係
・開発ベンダーと販売パートナーの関係
・メーカーと販売会社の関係

役員や上長を通さず、現場営業と勝手に進めると、「忙しい」という理由で対応が遅れることがあります。

かんたんな例でいえば、事例PDFダウンロード時のアンケートフォームに「この事例の構成図で概算見積が欲しい」と記載されていたとしましょう。すぐに担当営業へ渡したとして、1週間以上連絡せず放置していれば、その分、提案機会は失われます。お客さまの「熱量のあるうち」に「間が空かないタイミング」で、だれかが対応しなくてはなりません。間を空けないコミュニケーションを、業務フローまで落とし込む必要があります。マーケ部門の方は、「営業に渡したから安心」ではなく、その後のフローまで決めておきましょう。

このような連携については、以下の点を先に議論し、関係者部門と合意しておかないと、思うような成果が見込めなくなります。

- ・**【条件】**　　どういう条件がそろったら引き継ぐのか
- ・**【担当者】**　だれに引き継ぐのか
- ・**【手段】**　　引き継ぎ方法はどうするか
- ・**【タイミング】**　引き継いだ人はいつまでにお客さまへ連絡するのか
- ・**【フィードバック】**　引き継いだ後の結果はどうするか

【条件】では、単に訪問許可をもらった企業をMQL（案件見込みの高いリード）とするのか、営業が必要とするBANT（バント）条件がそろった状態のリードを渡すのかの違いになります。BANTとは、予算や権限有無、課題や要望の有無、契約予定時期など、営業が重要視する項目を総称した略語ですが、商材や営業の閑散・繁忙期によって項目を柔軟に変えましょう。

【担当者】とは、地域や商材、企業規模によって引き継ぐ営業を決めておくことです。案件相談が来てから社内担当者を探すのでは時間がかかってしまいます。その連絡**【手段】**も、メールで案内するのかツール内で連携するのかなど決めておきましょう。

特に重要なのが、**【タイミング】**です。「連絡したら2営業日以内にお客さまへ電話やメールを送る」など、具体的にいつまでに連絡するのかです。後回しにならないよう、「閑散期であれば翌日、繁忙期であれば3日以内」など柔軟にルールを決めましょう。

【フィードバック】についても、結果をツール内に反映すればマーケ側が確認できるように仕組みとして作っておくのか、またはメールで返信するのか、お客さまへの連絡にCCを入れておくのかなど、組織が異なっても結果が共有される方法を決めておく必要があります。

もし、営業側のリソースが不足していて、お客さまの初回連絡や課題確認など、マーケ組織でできるところまで確認をおこなうのであれば、非対面型初回アプローチやインサイドセールス機能として役割を明確にしておきましょう。昨今は、オンライン接触してきたお客さまに対して、マーケ組織内にコールドコール（お客さまの状況をヒアリングする）部隊を設置したり、営業側にインサイドセールスチーム（センター）を敷設する企業が増えてきています。

また、マーケは営業のパイプラインを確認しておくことも必要です。パイプラインとは、営業活動の初回コンタクトから契約までの一連のプロセスをパイプに例えて、非効率な業務や無駄を省くための管理方法のことです。案件商談管理ツール（ＳＦＡ）やエクセルで、商談の進捗度や受注確度を数字やランクなどで区分管理している企業も多いでしょう。事業部内の営業がどのようなパイプライン管理をしているのか、予測数字として何が不足しているのか、情報を密に共有しておくといいでしょう。

営業生産性から逆計算する

どの企業でも、営業の人員数は限られ、１営業あたりの生産労働時間には上限があります。もし全営業を１億円プレイヤーとして先鋭部隊にするならば、すべきことは枚挙にいとまがありません。

・無駄な作業の分単位での徹底的な洗い出し
・時間を省く環境づくり
・意識や思考改革
・商談スキルの実践教育
・提案資料のラインナップ化

仮に今期10名の営業で10億円の実績をあげた事業部が、来期20億達成するために新卒・中途営業を10名増やしたところで、すぐには戦力になりません。入社1年目で頭角を現すタイプは稀で、3年スパンで教育を考える現場が多いでしょう。

たった1年で売上目標を2倍以上に設定するような暴腕経営は、新規事業計画やベンチャー企業以外で見たことはありませんが、営業は昨年度実績から今期の（既存顧客からの）積み上げは予測できています。問題は、不足分の積み上げ分をどのように計画するかです。昭和型KKDのドアノック式ローラー作戦、代表番号からのアウトバンドコール、展示会でなりふりかまわず名刺バーコードを読み取りまくるのは非効率です。

科学的・方程式で考えて、何件をいつまでに、どのレベルの商談や提案が必要になるのか、それを知らずに思い込みMQL（見込み案件）をマーケ組織で集めても、意味がありません。新規取引企業であっても、一度でもコンタクトし、お客さまの課題や、社内立ち位置・権限などの人物像、競合商材の利用有無や取引・出入り企業、ヒトやモノ・カネが動くタイミングなど、社内のCRMを整備して情報を蓄積・共有している企業はコロナのようなパンデミック時も強いです。来期の予測も、そこから割り出して計算し、それでも足りない部分をどう補うか考えられるからです。

序章の昭和型と令和型の営業価値観の違いでも記載しましたが、科学的にアプローチした時に、営業活動が数値として見えていない限り、戦略を立てることは不可能です。特に、将来の案件につながる取引可能な企業が何社あるのか、案件になるまでの途中プロセスが見えてないと難しいでしょう。

そうはいっても、営業の基本である科学的アプローチを確立・継続できている企業は少なく、多くの企業はまだ昭和型から抜け出せていないのが実態でしょう。しかし、商談の進捗管理をしていない営業組織であっても、

・目標から逆算して、何件の受注がないと達成できないのか
・受注までの期間を考慮して、現時点で何件の見込み顧客がないと足りないのか

くらいは計算できるはずです。その議論はマーケと営業がおこない、引き渡す時期とＭＱＬのレベル感を協議しておきましょう。もちろん、マーケ職は自社商材の価値がどのような課題（業種、部門、職種別）に刺さるのか理解したうえで議論に臨むことです。

行動履歴すら残らない企業で、MAツールのスコアリング機能を使っても意味がない

ＭＡツールの機能では、１人（リード）の行動履歴を点数化できるため、自社コンテンツや情報へ活発に接触している人はだれなのかわかります。

・自社ホームページに、いつ、どのページにアクセスしたか
・メールに記載のＵＲＬをクリックしたか
・送ったメールを開封したか

などを追跡することで、接触履歴を点数化（スコアリング）できます。しかし、このような行動履歴からわかるのは、せいぜい興味や関心があるまでになります。点数が高いからといって、ホット（案件見込みの確度が高い）かどうか決めつけるのは危険です。ＭＡツールでわかるのはリードの活動状況までと考えておくのがいいでしょう（図３－３）。

つまり、興味や関心はあるかもしれないが、買う気があるのか、営業が欲しいＢＡＮＴ条

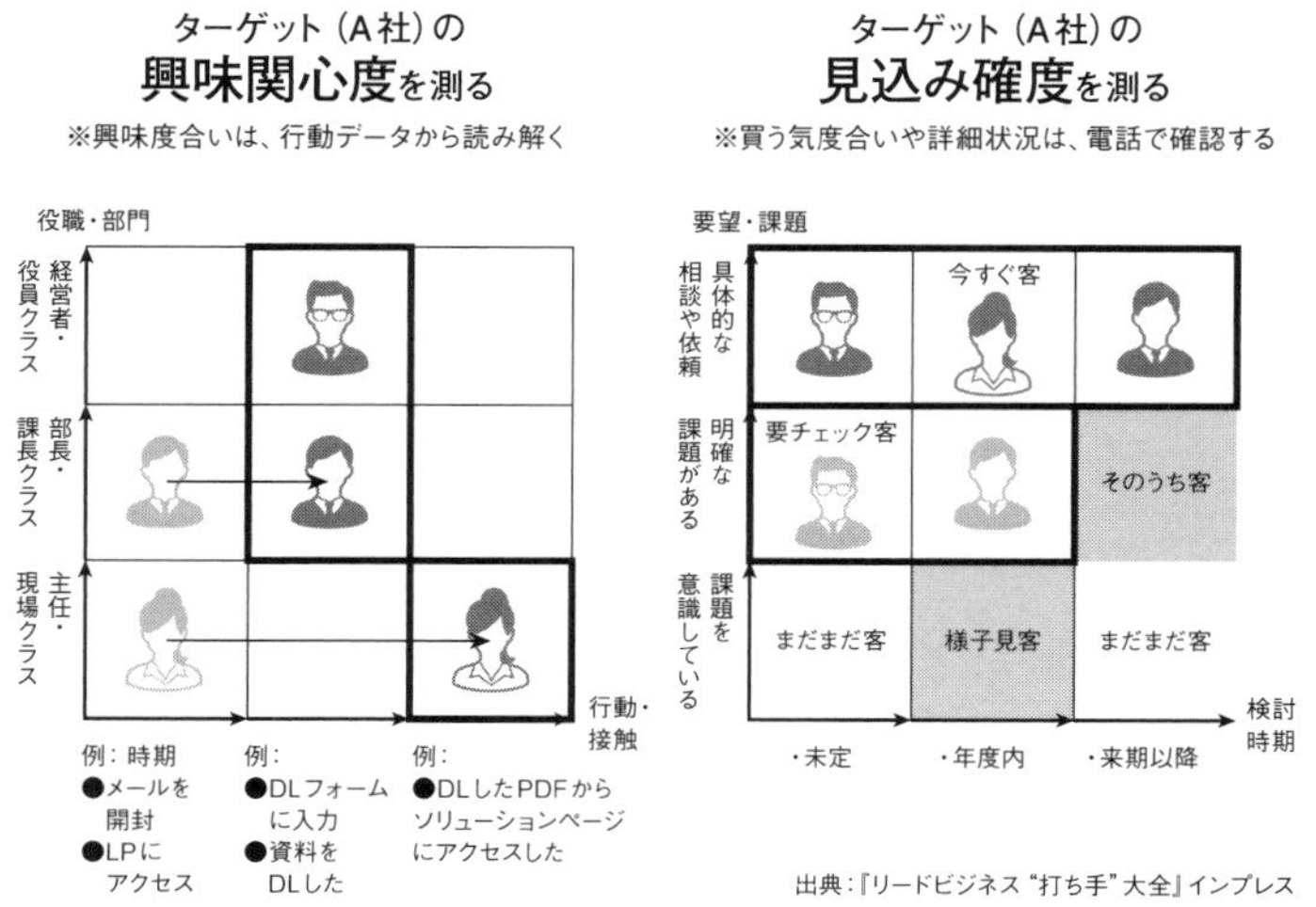

出典：『リードビジネス“打ち手”大全』インプレス

図3-3　行動データからは興味関心度までしか測れない

件（予算、導入時期など）を行動履歴が読み解くのは、コンテンツがそろっている企業でないとできません。コンテンツがなく、オンライン足跡（行動履歴）すら残らない企業で、MAツールのスコアリング機能を使っても意味がないという理由はそこにあります。

もしスコアリング機能を十分に活用したいのであれば、リードの行動追跡率は30％以上を目指してください。過去獲得した名刺データをCSVアップロードでMAツールに入れるだけでは、行動追跡率は0％の状態です。オプトイン（許諾）をもらうためにURLをクリックしてもらうなど、興味を引くコンテンツを制作するとともに、追跡率の推移をチェックしましょう。追跡率が30％を超えてくると、点数から予兆トリガーとして効果を発揮することができます。

インサイドセールスの役割範囲を明確にする

海外では、興味だけでなく「買う気があるか」を予測するために、コンテンツの制作に力を入れています。しかし国内企業では、コンテンツに投資して行動パターンのＡＩ（機械学習による予測モデリング）まで取り組んでいる企業はまだ数社程度です。手っ取り早く「買う気があるか」を確認するためには、コールドコールをかけて状況を伺う役割が必要となります。この役割を担う組織を、インサイドセールスとして設置するのです。

事業部や営業部内にインサイドセールス組織を設置するのか、マーケティング部門内にコール部隊を作るのかは企業によって変わりますが、「ＭＡツールで自動的に見込顧客を発見できる」というベンダーの売り込み文句は妄想だと伝えておきましょう。正確にいえば、（案件確度が高いかの）見込顧客ではなく、（興味関心の高い）アクティブなリードを識別できる・発見できる〝探知機〟程度だと考えるのがベストです。コンテンツすらない企業では、雑にいえばオンラインで少々動きがあった程度でしょう。

では、これからインサイドセールスを立ち上げる場合、どのような役割を持たせたらいい

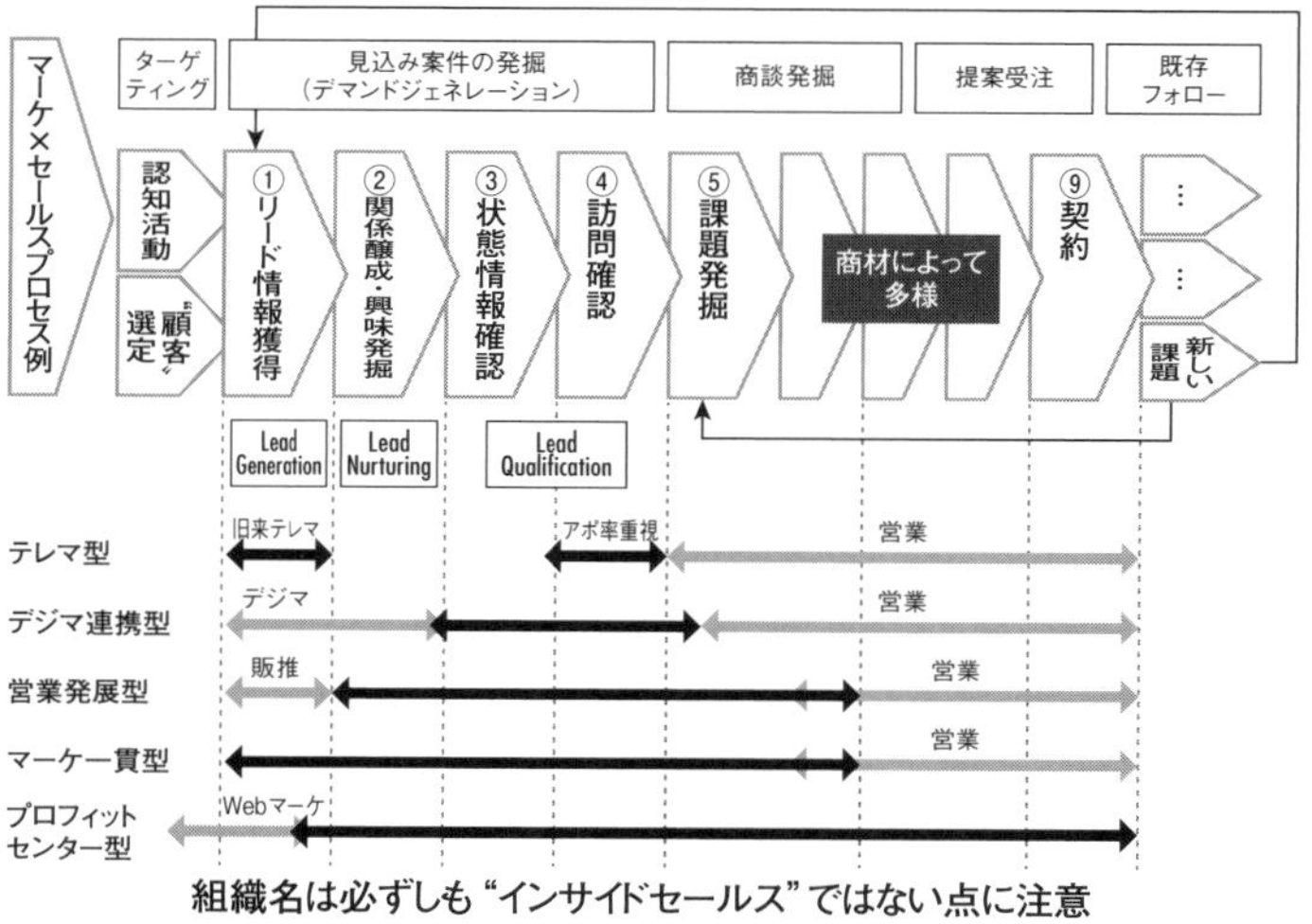

図3-4　インサイドセールスの役割範囲（©Nexal, Inc.）

のでしょうか。図3－4は、各社で見られるインサイドセールス（ＩＳ）の役割をまとめた内容です。

各社の傾向を見ると、インサイドセールス（ＩＳ）部門と名乗るのはわずかで、非対面型の営業組織として、法人コンタクトセンターや、ダイレクトコミュニケーションといった名称を付けています。組織図を見ても、どの部課がインサイドセールスなのかは、一見してわかりません。

もしデジタルマーケティング組織が事業横断で存在する場合、電話で状況を確認する「マーケコンタクトチーム」設置の検討をお勧めしています。最終的にマーケティング組織はクロージングまで責任を持つのか、契約自体は営業組織や販売会社に任せるのか、マーケの役割範囲は決めておきましょう。

インサイドセールスとして失敗するケースは、テレマ型です。代表電話からキーパーソンを聞き出すアウトバンドコールや、訪問許可をもらうのが目的の場合は、旧来手法のテレマーケティングになります。お客さまの興味関心などのタイミングに合わせて状況を聞き出す本来のインサイドセールスとは分けて考えましょう。テレマ型は外部ベンダーに依頼して評価し、営業発展型は社内組織で評価するなど、分けて考えるのです。

最近の傾向として、アカウント営業では対応しきれない客層や小口取引はすべてマーケティング機能を持つプロフィットセンター型の組織が担い、クロージングまでオンラインでおこなう事例も増えてきています。営業を含めて全体組織をどのように見直すのか議論する時には、図3－4を参考にしながら役割範囲を明確にしましょう。

顧客の購買プロセスを意識してキラーコンテンツを作る

第3世代の企業では、失敗経験を積み重ねながら成果が出る方法を模索しているでしょう。特に、Ｗｅｂサイトの構造や導線改善（ＵＩやＵＸ）はほぼやり尽くしたという企業も多く見受けられます。ほかに必要となるのは、水漏れを防ぐコンテンツの拡充となります。

①競合を含めてだれでも見られるＷｅｂに置くのか
②コミュニケーションシナリオで個別に使うか

コンテンツの中身（機密性）によって使い方は議論する必要がありますが、お客さまの検討状況を足跡から確実に読み解ける、〝キラーコンテンツ〟を作ることに取り組んでください。

キラーコンテンツとは

・契約する意思を持つ企業や比較検討を進めている担当者が、必ず目を通すコンテンツ
・予算計画時や稟議や決裁時に必要とされる情報や機能

のことで、以下のようなものです。

・他社との比較表
・導入フローや契約手続き
・（概算）見積シミュレーション
・操作系の詳細動画

①セミナー動画（アーカイブ）	⑪導入事例集やケーススタディ
②デモ・ウェビナー中継	⑫製品画像
③お試しトライアル	⑬製品ビデオ動画
④読み物・お役立ちコンテンツ	⑭マイクロサイト（LP含む）
⑤業界や用語解説 ※マンガも有効	⑮推奨商品・サービス ※組み合わせや同時契約の有無
⑥ビジネスブログ	⑯診断系コンテンツやシミュレーション
⑦プレスリリース記事	⑰概算見積シミュレーション
⑧製品概要や詳細	⑱アンケート調査レポート
⑨パンフレット	⑲効果測定や置き換えなどの コスト計算機
⑩マニュアル・ガイドブック	⑳他社との比較表

図3-5　リードとの関係醸成につながるコンテンツ20種

・詳細事例（予算や効果が数字で記載されているもの）
・自社製品と親和性が高い推奨商材
・コストシミュレーション（TOCカリキュレータ）
・実績一覧
・保守サービスやカスタマーサクセスの具体的な内容

何がキラーコンテンツになるかは商材によって変わりますが、検討や比較している人、来期計画を立てるタイミングなど、通常は営業が商談中にお客さまに見せているコンテンツになります。どの企業も、Webコンテンツやデジタルコンテンツ化されていない内容が必ずあります（図3－5）。

一方で、幅広いリードを集客するために、オウンドメディアの読み物コンテンツやコラムの制作に投資する企業も増えました。しかし、読み手がだれかを意識せずにコンテンツを量産し、事業に貢献しているのか評価も曖昧な企業が多いです。

コンテンツの開発順序は、意思決定に近いほうから取り組み、課題を意識している企業群（顧客のセグメント軸は商材によって変わる）を、取りこぼさないことがポイントです。課題を持つ「案件商談の見込顧客」を確実にキャッチアップし、案件予備軍のリードが必要とするコンテンツの開発に取り組むほうが、早く成果につながります。

これは、オウンドメディアを否定しているわけではありません。

・新テーマや分野に興味を持つ人を幅広く集客し、ゆるいつながりを保つコンテンツ（裾野や間口を広げる）

・ターゲット企業の業種や業務課題から、解決に注力したコンテンツ（案件創出につなげる）

どちらも重要です。しかし、潤沢な予算や運営する組織体制が整っている企業を除き、多くのＢｔｏＢ企業では使える予算や人的リソースが限られます。まずは購買プロセスの導線として、水漏れや機会損失分を埋めることです（図３－６）。

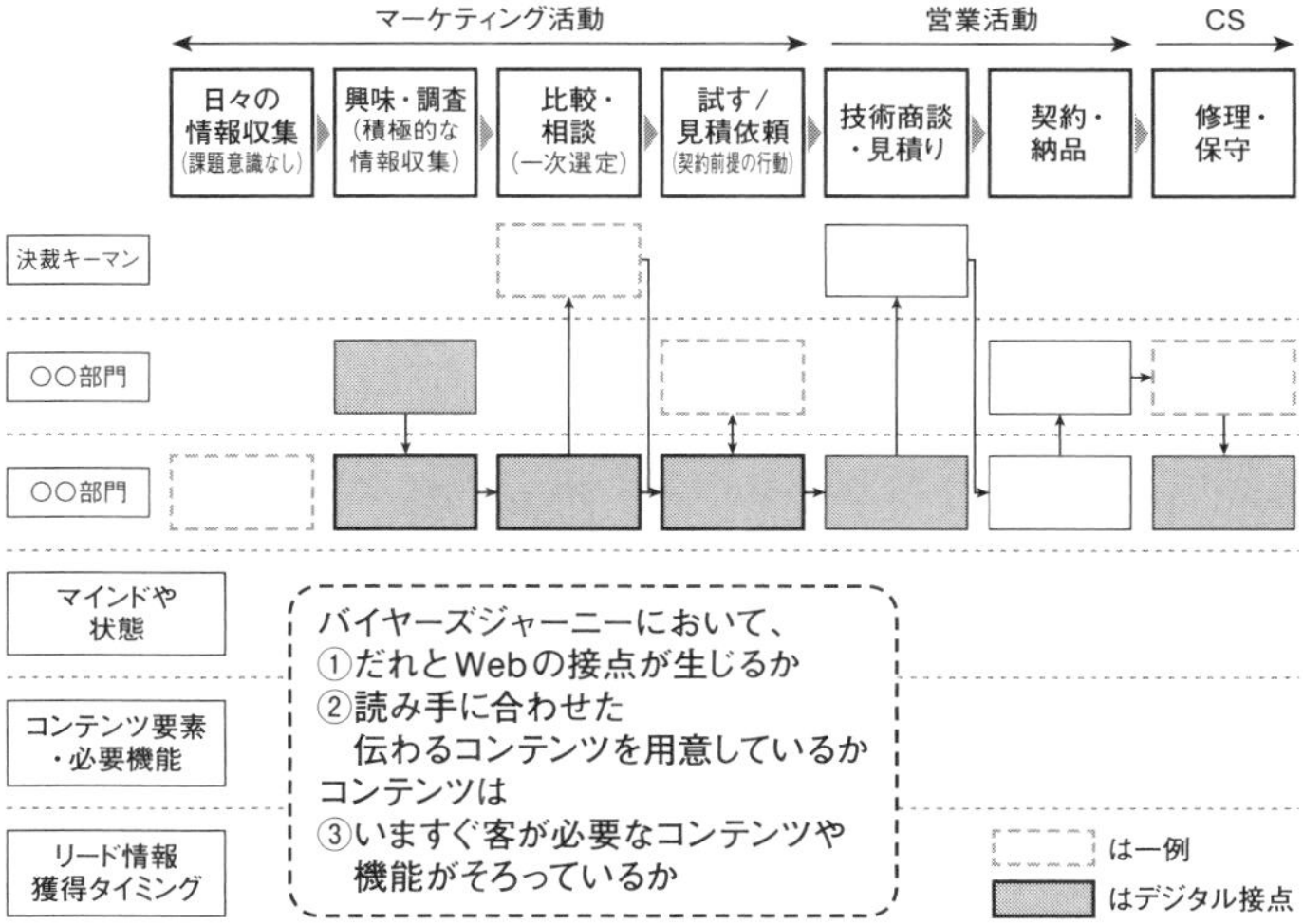

図3-6　バイヤーズジャーニーからのコンテンツマップ整理方法（©Nexal, Inc.）

本格的なデジタルマーケティングに取り組んでいない企業でも、自社のホームページから案件につながるお問い合わせを獲得する「Ｗｅｂマーケティング」には取り組んでいることでしょう。自社のＷｅｂにコンテンツで集客し、価値ある情報と等価交換でお客さまのリード情報を獲得します。メールマガジンの登録や、資料ダウンロード、お問い合わせなどのフォームを用意し、個人情報の取り扱いポリシーへの許諾を前提に、リード情報が増えていきます。

「見積が欲しい」など、案件につながる問い合わせであれば、営業はすぐ動けます。しかし、「メールマガジンに登録した」「概要資料をダウンロードした」というリードを営業に渡しても、空振りに終わります。

まだ購買プロセスが進んでいない個客は、課題感や導入時期が明確になっていないことが多く、このタイミングでアプローチしても提案にはほど遠くなります。

このような運用を続けている企業では、営業から「マーケから渡されるリードにアプローチしても意味がない。もっと確度の高いリードだけ渡してほしい」となり、だれもフォローをしなくなります。第3世代として成果が出ない企業の中には、上記のようにＷｅｂマーケティングから脱却できていない企業も見かけます。営業との連携方法も含めて、見直しましょう。

Column

コンテンツ制作の3つの注意点

マーケティングが事業貢献率30%を超えるような企業では、マーケティング組織内にコンテンツ制作や編集チームを持っています。部分的な実装作業などを外注したとしても、ライティング（文章）は社内でおこなっています。Ｗｅｂコンテンツ制作に限らず、メールで送るコンテンツ制作や編集も含まれます。コンテンツ制作にあたって、特に注意してほしい点を以下にまとめました。

①コンテンツが少ない段階で行動履歴を追跡しても意味がない

・お客さま内の意思決定プロセス（バイヤーズジャーニー）に沿ったコンテンツを網羅すること
・ランディングページを乱立させて直近のリード刈り取りをする前に、コーポレートサイト内の商材コンテンツを見直すこと
・ナーチャリングプロセスとは企業の売り手都合でメールを送ることではない。リードの状態やタイミングを測れるキラーコンテンツを用意すること

②コンテンツマーケティングとは、読み物コンテンツをそろえることではない

・意思決定プロセスの契約に近いほうから、コンテンツをそろえること
・検討プロセスの初期段階（読み物コンテンツ）を作る場合、読み手はだれか明確にし（社内の立ち位置、役職、職種など）、その人の現場目線で文章を書くこと
・動画コンテンツにすべきかの判断は、テキストや絵で表現できない場合など基準を決めること

③コンテンツ制作を外注するのであれば、ガイドラインやチェック体制を持つの

は必須
・顧客視点でのライティングスキルは、社内人材も保有しておく必須スキル
・安かろう＝悪かろうコンテンツを大量生産しても成果にはつながらない
・事例を取材から外注する場合、何をヒアリングしてどうまとめるのかガイドライン化しておくこと

デジマ×インサイドセールス（IS）組織の型

第2世代で紹介しましたが、「MAツールを入れて成果が出ないからインサイドセールスを立ち上げる」という考えには大反対です。「デジタルマーケティングに取り組んだ結果、営業との連携機能が必要になった」という企業は、成功へのステップを踏んでいると考えます。デジタルマーケティングの役割も担うインサイドセールス組織をどこに立ち上げるのか、各社のパターンを紹介します（図3-7）。

まずデジタルマーケティング組織から説明すると、国内では広報部門配下におく「Web発展型」、そこからブランド（いわゆる広報部）とデジタルマーケティング（案件創出）に分かれる「デジタル集約型」になります。この時点では、まだWeb接点やデジタルコミュニケ

	組織体系	概要
Web発展型	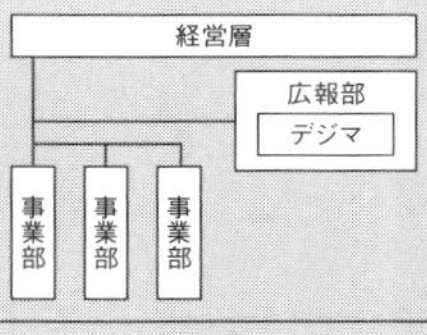	●Webを担当している組織やチームが発展的にデジタルマーケティングという名称になるケース
デジタル集約型	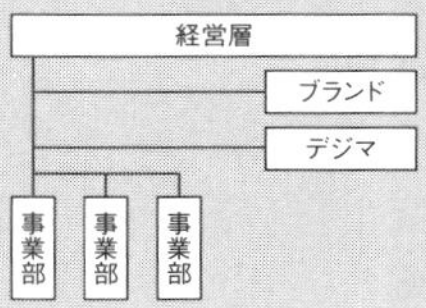	●マーケティング部門は存在していたが、全方位型のブランディング（CC部門）と、デマンドジェネレーション（MC部門）に分かれるケース
事業部内発足型	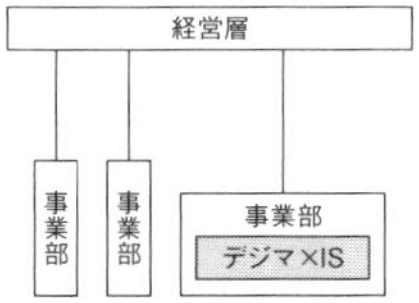	●先進的な取り組みを始める事業部内にデジマ組織が設置されるケース ●もともとは営業企画や販促組織 ●インサイドセールス機能が追加される
事業部内発展型	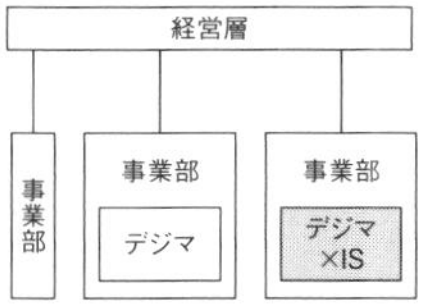	●事業部内に、それぞれデジマ組織が設定されるケース ●役割としてはデジマ×インサイドセールスが増えている
事業横断型	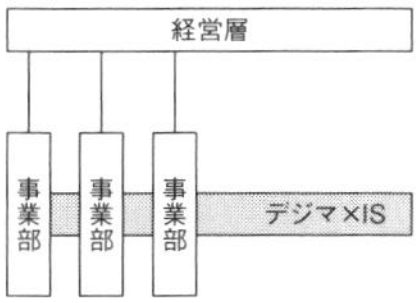	●各事業部からアサインされたバーチャル組織、または役員直轄組織としてデジマチームや部門が設置されるケース ●横串でインサイド機能が追加され、センター運営するケース
連携型	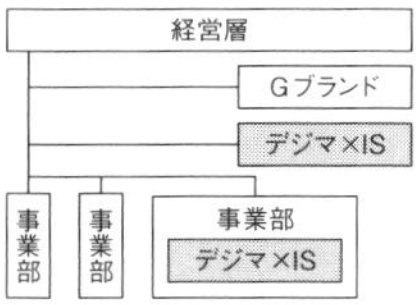	●デジタル集約型と、事業部内発足型が組み合わさった組織体系 ●グローバル企業の組織体系に多い ●事業部は各域によって分かれることもある

図3-7　デジマ×インサイドセールス（IS）組織の6つの型（©Nexal, Inc.）

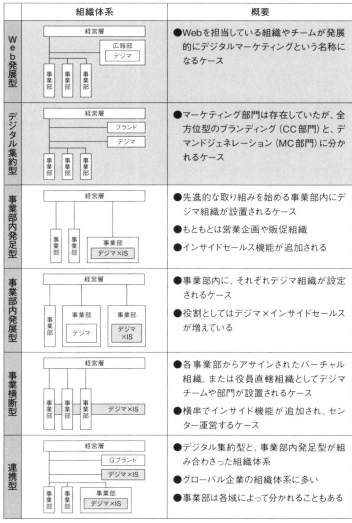

ーションのみで、直接的にリードの状況や商談見込みのタイミングなどをおこなうコールドコールの役割はありません。

インサイドセールスの立ち上げとして一番多いパターンは、「事業部内発足型」です。役割範囲でいえば、営業企画やプリセールスの一環でチーム化されることが多くなります。もし、この組織がMAツールを入れて、方針や優先順位など戦略性がないマーケティング活動をおこなっている第2世代の場合、必ず躓きます。ISの役割も明確ではないので、メールマガジンを送ることが目的化し、電話もアウトバンドコールが中心になります。お客さまから見ればスパムメール、ストーカー電話になり、嫌がられます。「プロセスとしてつなげる」という意識や文化がないため、プロモーションやキャンペーンの一環で電話やメールを送り、見る指標は開封率やアポ率が中心になっているでしょう。中間プロセスを定義し、データを可視化するところから始めましょう。

成果が出ている企業のインサイドセールス機能（組織）は、たとえば営業がフォローしきれない新規取引や中小・中堅企業を対象にし、商材や企業規模によっては非対面または訪問してクロージングまでおこない、受注金額で評価します。また、アカウント営業に引き渡したリードは、貢献額を明確にしたうえで、すべて人事制度の評価にも組み込まれています。

短期で結果を出したい、つまり明日の飯として早急に〝今すぐ客〟を刈り取りたいと考える企業が立ち上げるインサイドセールスほど、成果が出ないと思ったほうがいいでしょう。「どの型が一番成果が出るか」という愚問はしないようお願いします。どのような組織の型であっても、マーケティングプロセスやリード管理、指標の定義、引き渡し連携の条件や連携方法が重要な点になります。

ＢｔｏＢの年間マーケ予算は売上の何％か

「ＢｔｏＢ企業ではどの程度予算を割いているのか？」

この質問を時々お受けしますが、即答するのは難しいです。自動車メーカーや一般消費財など、ＢｔｏＣ大手の広告宣伝費であれば年間数十～数百億、売上の何％に充当するのか、業種別に大手広告代理店やメディアが集計してレポートしています。通販や化粧品など多いと年間売上の20％近くを充てる業種もありますが、平均して5％～10％です。

ＢｔｏＢ企業における広告宣伝費は、ひと昔前までは「1％前後」と語られてきました。しかし、財務諸表を分析しても、売上と広告宣伝費の相関関係はわかりません。商材特性や販売チャネル、ビジネススキームなどと合わせて分析しないと、傾向を読み解くのは難しいでしょう。また、マーケティング部門を組織化している企業であっても、計上科目がバラバラなため、合算してみないとわからないというのが本音です。

そこで、どこまでをマーケティング予算と定義するかを含めて、年商5000億円以上（連結含む）のBtoB超大手で、マーケティング第3世代以上の企業10社にヒアリングしてみました。各社からおおよその数字や傾向を得られたので紹介します。

まず、マーケティング予算として挙げてもらった内容は以下になります。

①Web制作・開発費
②各種ツール費やシステム運用費
③アウトソーシングやコンサル委託費
④外部展示会の出展費
⑤独自開催イベントや地域イベント
⑥制作関連費（パンフレットなど）
⑦広告販促費（媒体やオンラインメディア含む）

ほかにも、社内のマーケティング組織や営業支援部隊、インサイドセールス人員も含めたいところですが、いったん人件費は入れないで計算してもらいました。得られた示唆は、次になります。

A：平均の（連結）年間売上比率は0・8％程度

ヒアリングした企業の中でも、ＢｔｏＢ専業では、マーケティング費は売上の０・２％から最大でも１・５％の間に収まりました。この割合は、Ｃ向けにも商品を販売している企業で２％程度まで上がります。一般消費財の平均と比べてもかなり低いことがわかります。

ある産業財メーカーの方から、「社内の研究開発費が約３％前後なので、マーケ予算の０・３％は妥当だろう」というお話をいただきました。金額換算すると、この企業ではグローバルでマーケティング予算は50億円にも満たないのです。

限られた予算をどのように配分するか。
どのような戦略を持って予算を使うか。
予算をどこに集中投下するか。

今回確認させてもらった企業の傾向は、長期間の試行錯誤を繰り返した結果論にすぎません。ただ、裏を返せば、だれかがマーケティングの効果を役員会で説得した結果であるといえます。

今ではデジタルの重要性も理解されつつありますが、始めた10年前では社内でだれも理解者がおらず、営業や事業部門から悪者・変人扱いされた方かもしれません。地道に検証を繰り返し、社内を説得し続けた功労者が必ず存在するのです。

また、大手であっても、広告や販促費以外で数千万単位のマーケティング投資予算は、新規事業や戦略商材でない限り、経営会議で稟議が降りることはないでしょう。特に、マーケティング第1世代や第2世代の企業では、担当役員もいないため、社内で説明すらできないことがあります。

B：経費か戦略投資かで明確に分けている

各社の傾向から注目する点は、マーケ予算は「経費」として見るのか、「戦略投資」なのかの違いがあります。デジタルマーケティングに積極的に取り組む企業は、複数年で投資効果が持続するようなＩＴ基盤は「投資」として別予算で管理する傾向が見られました。参考程度に、何を経費・投資としているのか図３－８にまとめます。

どの企業も、広告宣伝費は管理しているでしょう。年度別傾向として、スポンサーや看板・

	経費 【単年度で投資効果が消える】	投資 【複数年で投資効果が持続する】
広告宣伝系		
└ 広告宣伝費	○	―
└ 制作関連費	○	―
販売推進系		
└ 展示会やイベント	○	―
└ 制作関連費（テンプレート系）	―	○
アウトソーシング系		
└ マーケシステム関連の運用費	○	―
└ 外部コンサル委託費	○	―
マーケティングIT基盤		
└ WCMS	―	○
└ MA・SFA	○	△
└ CRM・CDP	―	○
└ 他SalesTechやBIなど	○(一部のSaas)	―

図3-8　何を、経費・投資としているのか

紙などのマス的な広告からデジタルにシフトし、総額は下がる傾向にあります。ただこれは、よく聞く大手あるある話です。

C：営業のデジタル武装費はDX戦略投資に充てる

マーケティングで利用するシステムやツール、IT基盤をどこまで〝マーケティング予算〟として計算するのかは、一番難しい点です。各社確認しても、「全体のIT予算に紛れて正確に単独集計できない」という回答も見られました。

また、マーケティング予算を投資扱いする理由として、「複数年に渡って効果が持続する」ということだけでなく、「DX戦略投資」としての予算枠を別途確保する企業が

増えていることも挙げられます。

マーケティングを全社の仕組みとして取り組んだことがない第1・第2世代の企業は、〝DX推進室〟という組織を先に作っても、永年勉強会だけして自然消滅する傾向があります。ひと昔前の「イノベーション推進室」と同じ末路をたどるでしょう。そうではなく、

「デジタルマーケティングや仕組み自体をどう変えていくのか」
「業務プロセスがどう変わるのか」

という考えの元で投資するほうが、成果が早く出せるのではないでしょうか。

じつは、今回ヒアリングした企業の責任者の中には、デジタルマーケティング組織からデジタル変革（DX）組織へ異動された方も含まれます。「マーケティング組織だけなく、全社のDXを見てほしい」という経営層からの依頼だったそうです（この企業は、すでに第5世代に進んでいます）。その方のひと言が心に刺さったので、転載させていただきます。

「いろいろ社内議論してたどりついた結論ですが、結局のところ、『デジタルトランスフォーメーション（DX）とは、マーケティング機能の強化そのものでは？』と思うようになりました」

マーケティングを理解しないままDXに取り組んでも、〝社内業務効率化〟止まりといえるのではないでしょうか。

マーケティング戦略を役員会で説明して理解を得る

マーケティング戦略プロジェクトに関わる中で、一番印象に残るのは、役員会や経営会議への参加です。ボトムアップでプロジェクトを進めても、規模が大きくなるに従って、予算確保や人材投資のために役員会で説明する場面が出てきます。特に、担当する執行役員がマーケティングについて説明できない会社も多く、外部の人間がその会社のマーケティング戦略3か年計画を代弁することがあります。もちろん机上の空論ではなく、組織を越えて議論を重ね、実行可能な計画を綿密に立てる準備をしてからです。システム投資を含めると、億単位の予算が必要となるケースもありました。

マーケティング組織の世代でいえば第2世代から第3世代へ移行しようとする会社、組織構造でいえば事業体の配下にあるマーケ機能※で〝委託型〟から〝協業型〟として改革するタ

※1章「各社はどこに組織を設置しているのか」を参照。

イミングになります。必要予算が億単位の大手企業に限った話ではなく、事業部内予算で解決できない場合、どの企業規模であっても役員審議会を通さないといけないでしょう。

そのとき、だれが説明責任を取るのかです。

日本企業の一部では、説明自体を外部のコンサルタントに任せ、議題に乗せて全役員の合意を得ようとします。情けない話のようにも聞こえますが、これが今の日本企業大手の実態です。どの企業でも、社内で前例のないことを説明する担当役員は自信が持てず、他力本願になります。つまり、裏を返せば、マーケティングについてリーダーシップを取れる人材が役員層にいないということでしょう。

外部の人間として説明すると、その会社では前例がないため、「他社の成功事例は？」と聞かれます。もし、ここで業種やビジネスモデル、事業規模が違う事例を出すと、まったく聞く耳を持たれません。たとえるなら、精密機器メーカーに対してビールなど飲料メーカーの話をするようなものです。何を話したところで興味は持たれず、「お門違い」と言われても仕方がありません。

「うちとまったく関係ない」

「それは大手だからできるのだろう」

「実現できるとは到底思えない」
「事業部側は賛成しているのか」

など、否定文から入るのが通説です。執行役員が全員そろった経営会議で今後の方針やマーケティング戦略をお話しし、プラス志向の議論の旋風が巻き起こると、一種のノンフィクションドラマを見ている状態に近くなります。

また、どのような思考を持った経営陣がいるのか、観察しているとよくわかります。昭和を生き抜いた方々の中でも、現状に満足することなく会社の行く末に危機感を持っている方、市場の動きから自社も方針転換しないと生き残れないだろうと悟っている方、総論には賛成でも各論になると保守的な発言が増える方など、さまざまです。

「マーケティングは海外から来ている言葉が多く、横文字だらけ」という話を序章でしましたが、役員会では一切英語は使いません。なぜなら、役員が全員腹落ちし、消化してもらわないと、建設的な議論に進めないためです。すべて身近な言葉や、その会社の社内用語・業界用語に置き換えてお話ししています。

まとめると、役員会でマーケティング戦略について説明を求められた時の注意点は、以下の3点です。

・専門的なマーケティング横文字を使わない
・事業戦略や経営方針に沿って説明する
・事業貢献度や評価するための指標を必ず入れる

マーケティングという言葉の意味を知らない、理解していない方に対して「マーケティングとは何か」を説明するのは、時間の無駄です。特に、昭和型ＫＫＤをひきずる文化であればなおさらです。もし説明が必要であれば、第１世代で書いた例文を参考に、日本語で定義しておきましょう。

Column

ある企業の役員会

印象に残る役員会がありましたので、紹介します。

連結業績約８千億の製造系グローバル企業の役員会で、秘書室の方に「社長は役員会では一切発言しませんので、気になさらずに進めてください」と言われました。私も淡々とご説明しましたが、各論になると60代後半の役員がおそるおそる手を挙げました。その後、ほかの役員からも質問が次から次へと出てきて、広い役員室は議論大会と化しました。

はじめは小さく頷いていたオーナー社長も、徐々に前のめりで、最終的には一番大きな声で発言し、欧州トップ、米国トップなど通訳を連れて参加していた方からも質問が飛び交いました。10か年成長戦略を掲げ、具体的なロードマップを元にマーケティングプロジェクトが開始しました。

10年以上経過した今、結果的にこの会社は地道に改革をおこない、業績としてV字回復しただけでなく、毎年最高収益を出すほど成長を続けています。当時、あの会議に参加していた執行役員の中には、年齢からみて3年以内に退職を迎える方も多くいたはずです。あのタイミングで大きな舵取りの意思決定をしていなければ、今ごろは業界内で取り残されていたかもしれません。元海軍で、欧州トップの体の大きいオランダ人から、大きな手で握手された記憶が未だに残っています。

逆に失敗に終わったケースは、役員の方々の思考が後ろ向きで固定概念に苛まれ、現状を変える意味や必要性が腹落ちしないままプロジェクト化した企業です。危機感や課題を共有しないで始まるパターンになります。

このメーカーの国内販売会社（連結業績約6千億）の執行役員兼本部長が集まる会議で、

マーケティング戦略を説明した時です。

「うちのブランドは、まだ世界で勝負できる」
「ウチは絶対に潰れないし大丈夫」

そんな、ブランドの上に胡坐をかくような態度でした。特定商材の市場シェアは高いかもしれませんが、「売上や利益貢献は今は小さくてもこれから成長の伸びしろが期待される事業にすら関心がない」という発言が目立ちました。

会議中は、全員が足を組んで踏ん反り返り、鼻で笑うような態度でした。社外的にはSDGs（持続可能な開発目標）の一環で「自社にはダイバーシティ（多様性）やインクルージョン（受容性）がある」といっても、化粧でごまかしているだけで、実態は羊でなくオオカミである印象を持ちました。

何をいっても危機感はなく、自社事業の行く末に1ミリも疑問も感じないという〝聞く耳すらない管理職が多く占める企業〟は、必ず右肩下がりになります。実際に、この会社も国内シェアは右肩下がりで、再浮上する気配がありません。おそらく、事業売却か譲渡という結末になるでしょう。

プロジェクトが失敗に終わったケースを数社振り返ると、「デジタルマーケティングは絨毯爆撃の空中戦であって、地上戦には勝てない」という勘違いしている役員を多く見かけます。また、「マーケティングとは経営そのもの」という理解や知識がない企業に多く見られます。

このような発言をされる企業は、第1世代で紹介したデジタルマーケティングの文脈で、Aの「デジタル完結型」のことを指しています。役員層の意識を変えるには、1時間の会議で説明するには足りません。

結果的に、この会社では、「予算は捻出するから、やってみろ」という結論に至りました。しかし、プロジェクト2期目の途中でマーケ責任者をジョブローテーションで異動させてしまいました。後任はもちろんいません。そして1億円近くの予算を使って成果が出なくても、だれも責任は取りません。これが、昭和型の日本企業の実態です。

この会社にはCMO（最高マーケティング責任者）という肩書の役員はいなく、一般的なメーカーの国内販売会社です。足で稼ぐ営業力が強く、「マーケティングは嘘くさい」という意識を強く持っていました。また、「マーケティングとは広告宣伝のことで、金ばかり使う」という認識でした。

一方で、同じようなメーカー系販売会社であっても、経営陣の中に先見の明があり、

「今から打ち手を考えておかないと、いつか傾くだろう」と危機感を持っている企業は、取り組むマインド（意識）が違います。

某メーカー販売会社（連結業績約4千億）の社内マーケティング会議で、本社から出向されている執行役員本部長が、部下である部長に発した言葉が、今でも忘れられません。

「新しいことに取り組むなら今のうちだぞ。オレがいる間に全部持ってこい。あと2年しかないぞ」

ブランド認知のマス広告の予算を縮小し、その分、デジタルを含む新しい仕組みや社内組織改革に水面下で取り組んでいます。営業や各リージョン（地域）への意識教育も含めて着実に成長しています。

BtoB企業の事例は、成果を出して成功している企業ほど、決してメディアなど表には出ません。プロジェクトに関わった外部の人間としては一切口外できませんが、書籍にこっそり書く程度なら許してもらえるでしょうか。

4章

第4世代／ダブルファネル型

新規案件の創出、既存深堀・深耕のためにデジタル接点を活用できている

マーケティング戦略として、新規取引企業から新規案件を創出するだけでなく、既存顧客にも積極的にアプローチし、既存深堀・深耕のためにデジタル接点を活用できている企業が第4世代（ダブルファネル型）です。

業界や業種によっては、未取引企業からの新規案件を狙うより、既存取引企業へのクロスセル（組み合わせ提案）やアップセル（上位商品の提案）、または新しい価値の提供や共創モデルによって、売上の拡大を図っています。恐らく営業現場では〝顧客の維持拡大〟〝既存の深堀・深耕〟という言い方をしているでしょう。

第3世代のファネルはリード獲得が基点になりますが、既存を起点にする逆さファネルが存在します。既存の取引部門を基点に、他部署の新しい「個客」からの引き合い（カスタマーリード）につながります。よって、ダブルファネル型のモデルになります（図4－1）。

また、第1から順番に世代を経るのではなく、新しくマーケティング組織を立ち上げると同時に、一気に第4世代を垂直立ち上げした企業も存在します。

複数商材を持つ企業において、特定企業との取引額をいかに最大化するか

第4世代を目指す企業や組織体の多くには、以下のような特長があります。

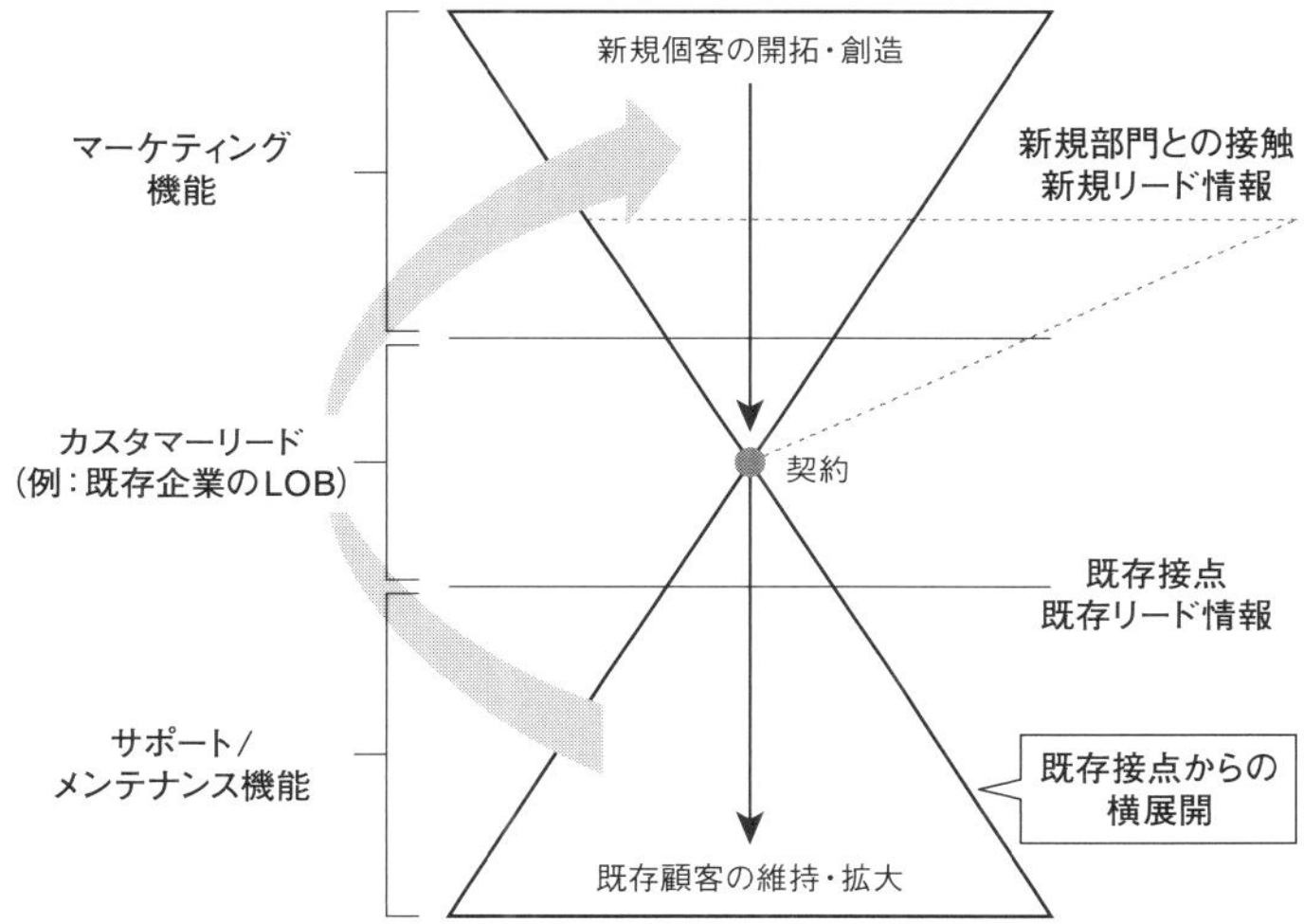

図4-1　国内企業のダブルファネル（©Nexal, Inc.）

・ある既存商材でシェアが高く、長い歴史がある
・既存の取引先をフォローするだけで国内需要は網羅される
・特定パートナーとＷＩＮ－ＷＩＮ関係で拡大してきた

営業はアカウントやパートナー統括の組織のみで、新規企業からの案件は全員兼任、あとは生産や技術という組織構造を持っています。すでに第3世代のマーケ組織を持っている企業でも、期中から方針転換を図り、限られたリソースを集中させ、特定企業をターゲットにコミュニケーションの方法を変えた企業も存在します。マーケティング活動で接点があったリードすべてを対

象にするのではなく、その中でもあらかじめ決めた企業のみに対応するという戦略です。

このように、複数商材を持つ企業において、特定企業との取引額を最大化するアプローチ方法をＡＢＭ（アカウント・ベースド・マーケティング）といい、海外では２０００年代初期に概念が広がりました。しかし、ＡＢＭという言葉が海外で生まれるずっと前から、日本の営業スタイルはすでにＡＢＭだったといっても過言ではないでしょう。日本だけでなく、英国など国土が狭い国は似たような手法で事業を成長させてきました。

日本の営業スタイルはすでにＡＢＭ

国内企業を見渡すと、アカウント営業が担当している重要・重点顧客は、最初から年間取引額が高額だったとは限りません。長年の取引実績で信頼関係を築き、先輩営業が積み重ねてきた結果でしょう。小さな取引から始まり、顧客の課題に向き合い、徐々にソリューションや新商材を開発・提案していった結果、顧客との年間取引額が拡大してきた歴史がありま す。

ただ、当時の営業スタイルは昭和型だったので、対面営業が中心です。最初のきっかけは飛び込み営業か、会社代表番号への電話、社長への直筆の手紙だったかもしれません。クライアントの担当者が大学のゼミがいっしょだった先輩後輩の間柄、または同郷者で顔見知り、スポーツの趣味を通じて知り合ったというケースもあります。方法としては、どの企業も飲みニケーションやゴルフ接客、トップセールス（役員同士の会合）を通じて、〝三方良し〟のＷＩＮ－ＷＩＮ関係を築いています。成功した商談パターンは同じ業種で似た課題を持つ企業に横展開、似た属性を持つ企業に同じ提案パターンで攻め、自社シェアの陣地を広げます。日本国内では、横文字の〝アカウントベースドマーケティング〟とは一切言わず、以下のような言葉を現場では使います。

・既存深堀アプローチ
・業種横展開
・ソリューション横展開
・顧客の維持拡大

自称デジタルマーケターは、先輩営業が積み上げてきた沿革や歴史を、

「どうせまた部長の武勇伝だろう？」

「過去の成功体験を引き摺っちゃってるよ〜」

と聞き流す反面、「ＡＢＭ」という新しい言葉には飛びつく傾向があります。昭和型の対面スタイルとの違いを挙げるとしたら、「デジタル接点やデータをどう活用するのか」という視点があるのが、現代版ＡＢＭになります。単にデータを活用すればいいという話ではなく、本来は先輩営業がＫＫＤやＯＪＴで培ってきた業種や現場課題などの横展開・成功した提案パターンの横展開といった、顧客に向き合う姿勢が重要です。

個人的には、デジタル時代になりマーケティングではデータの無形資産がどんなに重要であっても、温故知新や原点回帰の意識は忘れてはいけないと考えています。

Column

ＡＢＭの成り立ち

米国では２００４年ごろ、数社が問い合わせ管理システムをリリースしたことをきっかけに、キャンペーン設計やリード・ナーチャリングなど、複合的な機能を持つソフトウェアが数多く市場に出回り始めました。マーケティングツールベンダーの買収合戦が始まった2007年を皮切りに、MAブームで広がったデジタルマーケティングは、大量のリードをデジタル接点で創り出し（米国では欲しいターゲットリードをダウンロード購入）、それをオンライン行動の点数化で絞り、セールス案件につなげるというモデルでした。

ただ、この方法だと大量のリードを絞るコミュニケーションは時間や無駄も多く、非効率だと導入企業が気づき始め、「最初からターゲット企業を決めてアプローチするほうが成果が出る」と後からたどりついた理論になります。計算上、玉石混合のリードを対象にするより、ターゲット母数の分母を絞ってリソースを集中すれば成果が出るのはあたりまえです。

日本の発展は、逆モデルです。現実世界における信頼関係づくり、地道な人間関係や紹介、トップセールスによる〝人海戦術ABM〟に取り組んでいました。そこに現代では、デジタル接点が加わった形になります。よって、そのような背景を知らない方から、「ABMに取り組みたい」と相談されると、「自社には営業戦略がないです」と自白しているように聞こえてしまい、何を期待しているのか逆に不安に思うこともあります。

どの世代かに関わらず、ABMに取り組みたいと相談に来る企業に目的を聞くと、以下のようなことが挙げられます。

①既存顧客や既存パートナーとの取引拡大のため
②業種軸をベースにした新規案件の発掘のため
③休眠企業や少額取引企業からの追加案件の発掘のため

ＡＢＭの概念は本来、特定企業を対象にした①になりますが、②の業種軸で市場を攻めたいという相談が実際には多いのです。これはＡＢＭではなく、業種軸のＩＢＭ（Industry Based Marketing）といったほうがわかりやすいかもしれません。②や③は、第3世代で考える基本的なターゲットセグメント軸のＳＴＰ議論になります。

仮にＳＭＢ、中堅規模の新規取引を狙うとなると、一般的な営業戦略のお話になります。ターゲットをどこに定めるのか、〝中堅企業〟の定義から整理したほうがいいでしょう。業種だけでなく、

・年商なら、１００億円以上から５００億円未満とするのか
・従業員数だったら、５００名以上１０００名以下に入るのか

・対象部門ではどのような課題を抱えているか

などになります。

ここから解説する第4世代は、①の特定企業をターゲットとした場合の施策を対象とします。

デジタル接点を活用したマーケティングの3つの種類

既存商材で見た場合、企業規模が大きい企業ほど、エンタープライズ市場はすでに飽和状態となっていることでしょう。取引先が長年固定され、一見して安定しているようにも見えますが、仮に1社でも取引先の経営が傾くことがあれば、売上依存している分、自社の経営リスクも高くなります。

未取引の企業は、競合会社がすでに取引しているか、資本や系列関係で入り込めない諸事情があるなど、国内でのシェア争いが限界に近い状態です。一方で、海外売上比率の向上を目指している企業では、太いチャネルや販路がない各地域をどう攻めるか、グローバル視点で検討していることでしょう。

国内で既存拡大を狙う場合、既存取引部門からの継続案件や追加発注はあっても、新商材

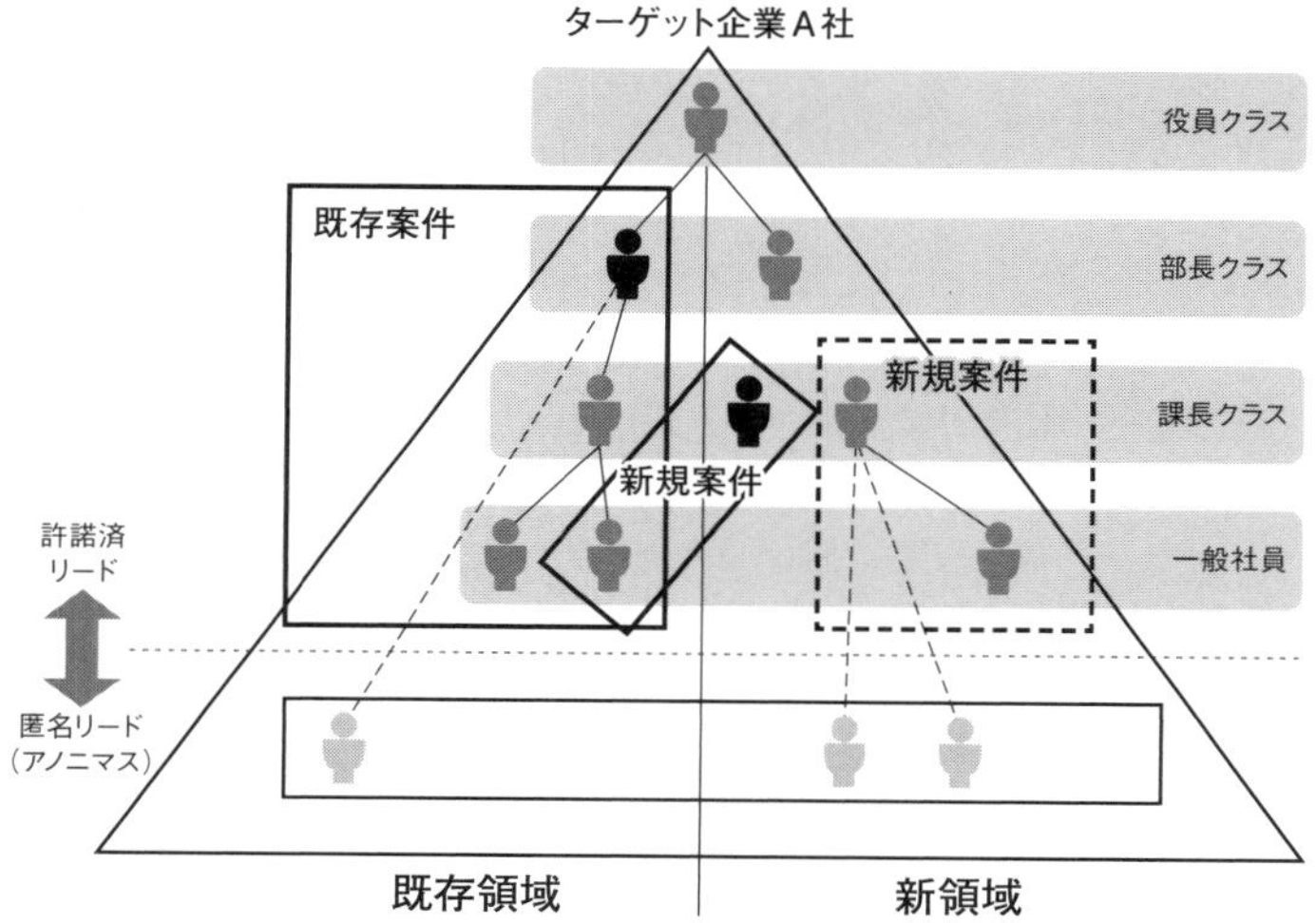

図4-2　既存営業の他部門との接触不足を補う（©Nexal, Inc.）

や新しい価値を提供できない限り、今までと違う部門から大型案件が出てくるのを期待するのは難しくなります。その渦中であっても、ＩＴ業界では顧客のデジタル予算が事業部門に移ってきているため、営業は取引先の情シスＩＴ部門から各事業部門のキーパーソンへ、人脈づくりに地道に力を入れています。

ただ、すべての事業課題、業務課題、現場課題を理解して営業が会話できるかといえば、実態は難しいです。重要な取引先であっても、「すべて対面型の営業に任せるのは、リソース的に限界がある」と悩む企業もあります。

既存との取引拡大を目指す時、マーケティング活動上のデジタル接点はどの領域を中心に担うのか、仮決めであっても範囲を決めておかないと、営業と亀裂が生じます。「オレの客」「ワタシの客」問題が出ないように、役割分担や機能分担を営業と密に会話し、議論しておきましょう（図4－2）。

既存取引の中でも特定企業のABM方針について議論すると、デジタル接点を活用したマーケティングは一般的に以下の3つに絞られます。

①既存取引先の新規部門や組織の横展開（対アカウント戦略）
②重点パートナーとの取引拡大（対パートナー戦略）
③社内営業やパートナーが対応できない領域の仕組み化（対ミドル戦略）

③は特定企業向けだけでなく、SMB領域のデジタルマーケティング戦略になり、154ページに書いた③になるため、ここでは①と②について解説します。

補足すると、③は既存取引でも中小企業や小口取引など、そもそもアカウント（担当）営業が付かない取引先を指し、プロジェクトの中でも第3世代組織が取り組む、最も多いコミュニケーションセグメントになります。

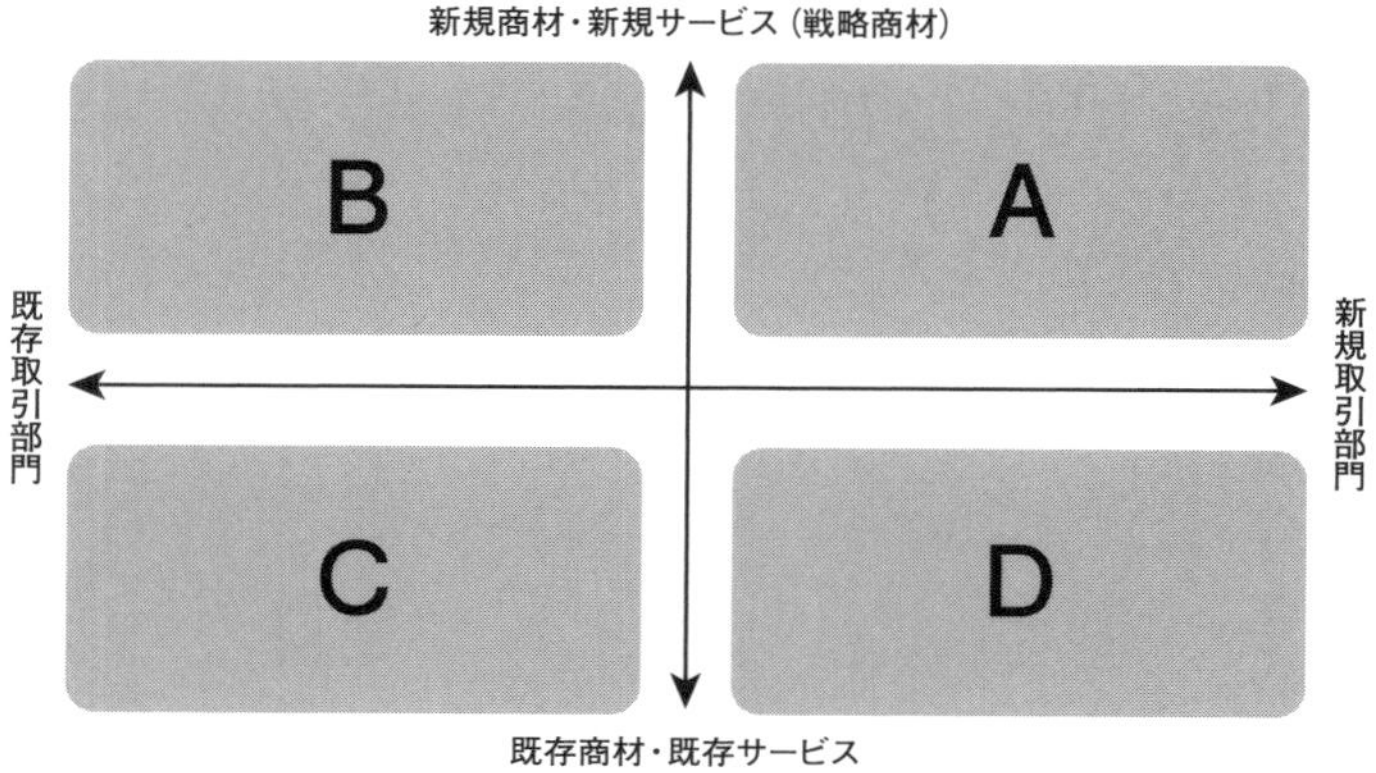

A：新規商材や新規サービスなどを既存に展開する場合、契約窓口は既存取引部門ではなく、新規部門をターゲットにしないと訴求できない領域
B：既存取引部門に対して新商材を提案する領域。一般的にはクロスセル・アップセルの対象となる
C：既存取引部門に対して、既存サービスを展開する領域
D：既存商材を既存の部門、またはグループ企業などに横展開するなどして展開する領域

図4-3　特定アカウントを狙ったマーケ戦略図（©Nexal, Inc.）

既存取引先の新規部門への横展開

1つめは、特定企業をターゲットとした場合、取引していない部門や営業がタッチできない個客の接点をデジタル上で獲得する戦略です。デジタル接点を増やして広くリードを獲得することを「裾野を広げる」といったりしますが、特定企業の新規リード獲得が最初の目的になります（図4－3）。

仮に、新規商材や新規サービスなど、自社で戦略商材として決めた特定分野があったとします。取引している既存部門とは長年取引しているけれども、新規商材は他部門に接触しないと提案すらできなかったとします。営業であれば、その部門の方を直接ご紹介いただけるよう取引部門の方に働きかけますが、よほど信頼関係が良好でないと依頼することすら躊躇うでしょう。

そこで、デジタル上で先に接点を作ります。以下は一例ですが、

・新しいテーマや分野の興味や関心を惹くコンテンツの作成
・「企業としてなぜ取り組むのか」というソリューションメッセージなどの訴求コンテンツの開発
・メディアでの特集記事（タイアップ広告）
・自社サイトでの資料ダウンロード

などを通じて、新しいテーマや分野に興味があるリードを獲得する方法があります。

「特定ＩＰアドレスからのリードだけを狙う」というテクニカル的な手法もありますが、中堅以下のクラスの企業だと、固定ＩＰアドレスが本当にその企業が保有しているものか精度が低い点と、コロナでテレワークが一般的になった今では社内ネットワークを通じてアクセスする割合が減っているため、お勧めできません。

ここでは既存企業の横展開として、取引部門以外の新しいリード（個客）と接点を持つこ

とが目的となります。もし自社開催の展示会やフォーラム、ユーザー会・勉強会などを全国各地でおこなっていた場合、「まだ取引していない他部門のキーパーソンを会場まで誘導できたら、営業の評価にする」という方針転換をした企業事例もあります。また、

・サポート・メンテナンスの窓口から、別担当者を紹介してもらう
・特定企業に向けたメールを送って地域ごとの事例を紹介することにより、別案件を紹介してもらう

などのコミュニケーションシナリオで成果を上げている企業もあります。

既存企業といっても、取引額が一定以上の重要顧客を対象とするため、1社あたり数十人単位のメールを、その企業に向けて発信することになります。件名も「弊社と長年ご厚意いただいているXX企業のみなさまへ」と書けるため、開封率は平均でも6割を超えてきます。もし特定企業のリード件数が多ければ、一度検証してみてください。ただし、アカウント営業に事前確認はしておきましょう。また、一斉に送るとスパム扱いになるケースもありますので、配信スケジュールには気をつけてください。

重点パートナーとの取引拡大

2つめは、ディストリビュータやサプライヤーなど、販売パートナーを通じて販売する企業が採択する戦略になります。ABMのターゲット企業は、特定の指定パートナーとなります。昨今、海外半導体メーカーの代理店リストラのニュースもありましたが、全国に数千社のパートナーを抱える企業では、成長するパートナー選びや関係性の見直しがおこなわれています。

デジタル接点を含みABMに取り組んだケースを紹介します。

概要

某産業財メーカーの販売会社では、中長期戦略として重点パートナーA社との取引額を今の倍に設定しました。イメージしやすいよう仮に年10億の取引額として、3年後は20億円が目標になります。

この販売会社では直接販売する営業組織もありますが、売上の1割にも満たないため、パートナーとの取引額を増やすことが、全社の3か年計画を達成する近道となります。デジタルマーケティング戦略（ABM）も、この1社に絞って予算とリソースを集中的に投下し、価値検証プロジェクト（PoV）を立ち上げました。

背景

パートナーA社には自社商材の窓口部門が設置されており、A社内の営業がクライアントに提案する際には、必ずその窓口部門が取りまとめることになっています。商材の最新パンフレットや型番を含む製品詳細情報、基本的な提案資料はA社内のポータルサイトに掲載され、いつでも取り出せるようになっています。

A社は従業員数だけでも数十万人にのぼり、自社商材を取り扱っていますが、専業販売パートナーではありません。商材ラインナップとして競合製品も幅広く取り扱い、独自開発のサービスもあって、網羅的にお客さまへ提案しています。「自社商材を特別に取り扱ってくれ」と依頼しても、全国の営業所を回ってまで説明に行くわけにもいきません。過去何度か全国営業所を中継でつなぎ、リモートセミナーで説明会は開いたことはありますが、どこまでA社の各現場に浸透しているか不明でした。

このA社の従業員数を、仮に20万人としておきます。技術・管理・生産・間接部門などがありますが、その中でも自社商材を最終クライアントに提案する営業職やセールスエンジニア職をターゲットとして、A社内では全国に最低でも1万人いると仮説を立てました。自社のパートナー営業が、A社営業との客先同行や展示会などのイベントで名刺交換し、接触できている人数を計算すると、200人（リード）でした。ターゲット対象が1万人とすると、2%にすぎません。エリア別に分析しても、ほぼ東名阪の主要都市のみで、地方の営業所とは接点がまったくありませんでした。

自社とパートナーの役員同士の信頼関係はできていますが、現場の末端営業まで自社商材について浸透しているとは限りません。単に社内ポータルに自社製品が並んでいる程度かもしれません。そこで、パートナーA社の1万人をターゲットに、マーケティング実行計画を練りました。

実施内容

・自社商品DBとパートナー社内ポータルサイトのAPI連携
・営業が必要とする（提案、商談時に必要な）コンテンツの見直しと追加開発
・パートナーA社用の専用ランディングページの開設
・ビジネスチャットの実装
・IPアドレスの一覧化と、自社公式サイトへのバナー実装

・ターゲットリードへの情報提供（メールコミュニケーション）
・共催セミナーの開催

実施内容は、すぐにイメージできるものも多いでしょう。しかしデジタル接点を活用したABM施策としてアクセス元IP指定で表示される誘導バナーの実装と、リードに対する手厚い情報提供（営業ツール含めた）シナリオが、A社向けの特別な実施内容となります。

すでに自社サイトのパートナー向けページにはログイン機能があり、受発注や見積作成ツールなどを用意しています。しかし、パートナーA社内の全営業が登録しているわけではありません。基本的に、自社商品の契約窓口となっているA社の担当営業が使っています。ほかの営業所に所属する人は、社内の担当窓口がどこなのか知らないこともあり、「社内担当者を教えてほしい」と直に問い合わせがくることもありました。パートナー社内にある取り扱い製品ポータルすら見ていない可能性もあります。

そこで目を付けたのが、自社の製品サイトです。アクセス解析データから、A社に限らずパートナー各社から製品ページへアクセスする頻度が高いのはわかっていました。お客さまに提案する営業やセールスエンジニア職が見ていると考えられるため、ある特定ページを何度か閲覧・訪問し、IPが特定できる場合に限って、誘導バナーを表示させるルールを仕込みました。特定の条件がそろえば特別な入口が現れる、〝開けゴマ〟的なイメージを持ってもらえるといいでしょう。

〈ようこそ、パートナーA社さま～営業職の皆さまへ～〉

というバナーを踏むと、パートナーA社向けのランディングページに誘導されますが、ここでさらなるリード（拠点や部署、メールアドレス）を獲得するフォームを用意しました。もともと200名分のメールアドレスを保有しているため、メールドメイン名で可否判定しています。

結果

保有していた200人のリード（ここではパートナーA社の営業、セールスエンジニア職）に対して、結果的に1000人分のリードを獲得することができました。仮目標のターゲット数は1万人だったため、10％は達成できたことになります。

並行して、接点を持った営業やセールスエンジニア職が、クライアント提案時に困る点や必要とする営業ツールなどを細かくフォローするシナリオを描きました。

・置き換え提案時の、他社との比較資料
・投資対効果の計算機能
・推奨モデル
・詳細事例や実績一覧
・利用シーンや課題一覧

などになります。第3世代で紹介したキラーコンテンツ（図3－5）を、パートナー向けに用意したものと考えてもらうといいでしょう。

シナリオは4半期ごとに、クライアントさまから多く寄せられる相談内容やテーマを選んで配信しました。特に秋口の来期計画のタイミングでは、実在する社内営業マンの悩みごとをコラム配信し、そのまま返信して相談できるシナリオにしたところ、

「地方の営業が困っていることでも対応してくれることがわかって安心した」
「社内で聞く相手がいないので、助かった」
「本社に確認しても連絡が遅いので、すぐに返信いただけて提案に間に合った」

など、案件機会を失うことがなく、現場営業やセールスエンジニア職から好評でした。また、パートナーページ内にビジネスチャットを実装し、依頼があれば提案資料やツールを即時提供できるようにしました。問い合わせフォームを通さなくてもパートナーを即対応できる体制を、インサイドセールス機能として整えています。

3年が経過した現在、当初計画していた20億円（仮）は着地予測としてほぼ達成しました。現在は、パートナーA向けに実施したデジタル版ABM戦略の横展開を図っています。また、本体のメーカーでは、部分的な施策であっても、この手法を日本国内だけでなく海外へも順次展開できないか、来期計画に組み込んでいます。

ABMシステム実装で躓く4つのポイント

リードをベースにマーケティングプロセスがつながっていても、ABMに取り組む時に必ず問題になるのが、顧客DB（データベース）の持ち方になります。中堅以上の企業では基幹システムが古く、ABMに取り組みたい意向はあっても実態としては何も手を付けられず、理想と現実のギャップに苛まれている企業もいるかもしれません。躓くポイントとして多いのは、以下の4つです。

①リード情報に空欄が多く、法人番号がひもづかない
②法人番号と社内独自の企業コードがひもづけられない
③案件IDとリードIDがつながらない
④引き渡したリードが最終受注まで至ったのか、パートナーを跨ぐとまったく追えない

①リード情報に空欄が多く、法人番号がひもづかない

マーケティング組織が使うMAツールは、さまざまな顧客情報やマスターを管理するCRMではありません。MAツールは、オンラインで獲得したリードや名刺データ（CSVアップロードやAPI連携）を管理し、リードの名寄せ、オンラインの行動履歴、メール配信、スコアリング（ルールベースエンジン）、コミュニケーションシナリオ設計などの機能を備えているまでです。

・メールの@アドレスから企業名を特定する
・企業名、電話番号、住所から法人番号を特定し、属性を付与する
・社内のERPやCRMから過去の取引有無のフラグをつける
・既存アカウントやエリアごとの担当営業名を追加する

・今期取引関係があるパートナーか、休眠となっているパートナーなのか
・納品や取引商材、出荷情報

など、ほかのデータとひもづけたい時に、すべての項目をMAツールの自由項目欄に追加していくと管理が複雑になり、運用を考えないとデータが劣化していきます。

・マーケとして、だれ（企業や人物属性）と、どのようなコミュニケーションをおこなうのか
・そのセグメント軸や区分値のデータをどう分けておくか
・社内にあるどのデータと連携させるか

など、システム連携もいっしょに検討しておきましょう。これを怠ると非効率な作業が増え、本来の業務に割く時間が足りず、成果が出ない結果となります。

MAツールを入れた結果、逆に手作業が増えて頭を抱えている企業は後を絶ちません。また、システム同士のつなぎこみのために都度RPAを開発し、必要な予算が当初の想定の倍になったケースもありました。

データは、管理目的の「ストック型」ではなく、どう利用するのか「フロー型」で考えないと、あとで使えない状態に陥ります。たとえば、どのようにターゲティングするかで利用するデータが変わります。

・企業属性でターゲティングする場合　→　業種や売上データ
・組織やキーパーソンでターゲティングする場合　→　部署名や役職名

属性データは外部のDBを利用することが多いため、業種コードや売上区分といった一定の値で区切られています。しかし、部署名や役職名を名刺データからそのまま取り込むと、データを抽出する時に困ります。

もちろん会社によって、部署名や役職名の定義は違います。DBに取り込む際に、部署区分や役職区分といった一定値の区分値を持っていないと、活用する時に逐次テキスト抽出するため時間がかかり、面倒です。

このように、利用することを前提にCRMやMAとしてどのようなデータ項目を持つべきかを考えるのは、データベースマーケティングとしては基本のキです。デジタルマーケティング職であっても、このあたりのDB設計や社内システムとのER図を描けない方が多いため、ＩＴ部門などの支援は必要になるでしょう。

一方で、リード情報に法人番号をひもづける程度であれば、マーケ職だけでもできる範囲でしょう。情報が欠けている歯抜けの〝リスト〟とは別に、7点セットがそろった情報は〝リード〟と定義して分けておきましょう。リストの状態から追加情報を獲得してリードに転換できた割合や、法人番号まで付与できた割合を、マーケ活動の評価指標として持っておきましょう。

②法人番号と社内独自の企業コードがひもづけられない

この問題は深刻です。帝国データバンクが付与するＴＤＢコード、東京商工リサーチが提供するＴＳＲコード、ランドスケイプ社が提供するＬＤＢコードなどを使って、法人番号もいっしょに管理している場合は問題ないですが、独自の取引発番管理システムで企業や団体ＩＤを振っている場合は、ひもづけられないことがあります。ＡＢＭが理想になってしまう第一関門が、この企業コードの割り振り方に起因するといってもいいでしょう。

独自のコードだけでなく、外部のデータベースを利用して法人番号をひもづけておきましょう。仮に米国のＤＵＮＳコードで管理しているグローバル企業でも、国税庁が管理している13桁の法人番号との対比表を準備することをお勧めします。

③案件IDとリードIDがつながらない

この案件IDは②の問題にも近いですが、商談IDや見積IDなどは管理していても、リードIDとは連携ができないケースです。

たとえば、マーケ組織から案件見込リード（MQL）を営業に引き渡したとしましょう。リードを指定したうえで商談や案件IDが振られればいいのですが、営業はそんな面倒な手入力をしない場合があります。「獲得元リードを引き継いだ形式で商談IDを振ってください」といくら依頼しても、守ってもらうのに苦労します。人に依存するような運用は、適切にデータが入力されなければ評価できないことになります。

インサイドセールス組織やコールドコール組織がマーケ内にいる企業では、〝提案余地がある〟と判断したリードを元に案件や帳票（商談）をマーケ側で作ってから営業に渡すなど、運用でカバーしています。しかし本音は、システム上で完結したいところでしょう。

・見積IDを付与する時には、窓口担当者だけでなく、プロジェクトに関わるリードIDが自動的にひもづけられる
・ターゲット企業であれば、リード単位ではなく、アカウント単位で評価（半期などの長期スパン）してしまう

という方法で、マーケティング活動を評価している企業もあります。

④引き渡したリードが最終受注まで至ったのか、パートナーを跨ぐとまったく追えない

これについては、出荷・納品を伴う製造業の例を紹介しましょう。この企業では、マーケ組織はデジタル接点で獲得したリード（個客）と直接コミュニケーションしていましたが、直販部隊がないため、戦略パートナーへ見込み案件（ＭＱＬ）を引き渡していました。最終的にＭＱＬが成約に至ったのか、パートナーと同システムを使っているわけではないため、その先を追うことは不可能でした。

そこで、パートナー各社に引き渡したリード件数をアカウント単位で集計し、出荷先のシリアルＩＤと企業コードとの取引履歴を突き合わせて、事業貢献度を数字で評価するという方法を取っています。このような方法でも一定の成果は数字で把握できるので、パートナーに入力負荷を強いることもありません。

もし、ＡＷＳやＡｚｕｒｅのようなクラウドビジネスであれば、Ｔｉｅｒ１（１次店）、Ｔｉｅｒ２（２次店）とパートナーが分かれていても、クラウド利用課金はすべてオンラインで完結できます。しかし、製造業は納品先、出荷先の企業コードがマーケで使う法人番号

とひもづけられない限り、ＡＢＭの評価など理想で無理な話となります。

ＡＢＭ評価のために中間的なＤＢや、ＣＤＰのようにデータ連携や名寄せのためのプラットフォームを別途用意する実装方法もあります。また、経営ダッシュボードを外注依頼で出力している企業もありましたが、半期単位で集計するだけでも外部のデータサイエンティストの工数を何人日も費やしている状況です。本格的に取り組むのであれば、顧客取引におけるリードから見積、出荷、納品に至るまでのコード管理・ＩＤ連携について見直したほうがいいでしょう。

システムを刷新、増強・拡張するには相当額の投資になるかもしれませんが、古い基幹システムの延命処置で使い続けるより、これからのデジタル化戦略をマーケティング視点から考え、新しく構築したほうが安全で安く仕上がるという経営判断もありだと考えます。既存顧客の維持拡大としてマーケティングＤＸに取り組むのであれば、デジタル接点の活用範囲、ＩＤ連携について議論してください。

5章

第5世代／サイクル型

顧客を軸として
接点・接触サイクルとして
施策の影響範囲が見えている

リード（個人）やアカウント（企業）単位に、社内のマーケティング活動、営業、法人コンタクトセンター、出荷・納品、機器の稼働ログなど、いつ、社内のどこで、どのような接点があったか、顧客を軸にすべてのリアル接点×デジタル接点の状況が可視化され、顧客に合わせたコミュニケーションができているのが第5世代です。第4世代と第5世代は、デジタルマーケティング戦略より全社マーケティングDXの一貫で、トップダウンで取り組むことが増えてきます。

海外では、顧客を軸としたマーケティングサイクルを「フライホイール型（弾み車）」「∞ループ型」など表現します。日本語だとイメージし辛いので、サイクル型と名づけました。海外アナリストの見解を俯瞰して見ても、目指している方向性や潮流は第5世代として括られます。

もちろん、細かな枝葉テーマはありますが、

・人を中心とした体験設計（ヒューマンセントリックモデル）
・データ駆動型のマーケティング活動（データドリブンマーケティング）

など、

・点をつなげて、線や面として見る
・最終的に人や顧客を中心に、企業活動を顧客に合わせる
・データを集約して、顧客の状況やタイミングに合わせてコミュニケーションをおこなう

といった取り組みになります。第5世代に分類される企業では、今後の生き残りをかけた経営戦略・ビジネスモデルの話になるため汎用的な図はありませんが、整理する方法論（フレームワーク）は以下のように分けられます。

A：顧客に提供する**製品ライフサイクル軸**で考える
B：**購買行動サイクル軸**でコミュニケーション接点を見直す
C：特定顧客に対する**生産ライン軸**で提供サービスを検討する

顧客をキーにすべての活動を集約する

某メーカー販売会社が描く次世代プラットフォームのイメージ図を紹介します（図5－1）。上記のフレームワークでいえば、Bに分類されます。

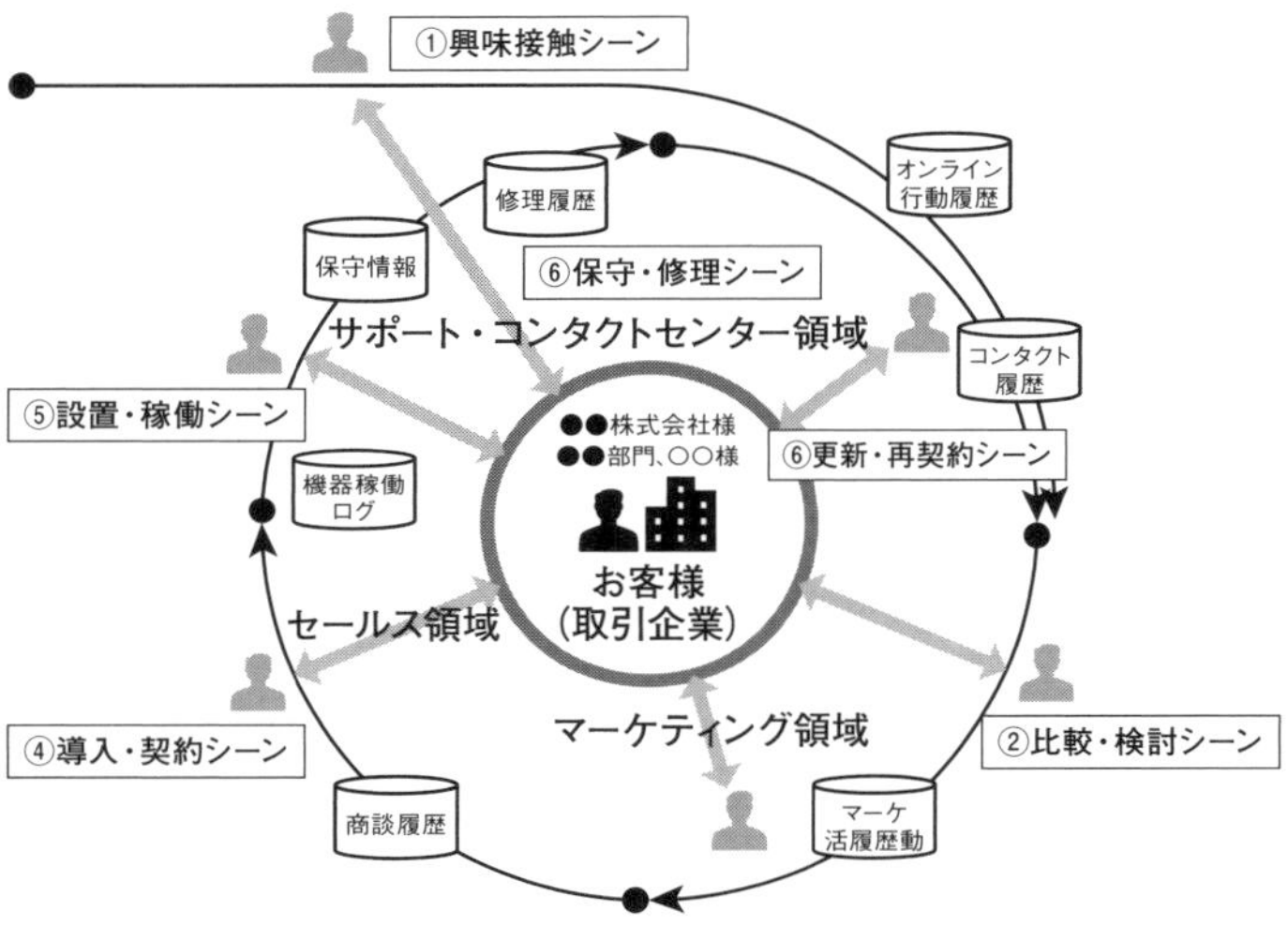

図5-1　顧客接点の集約と最適なコミュニケーション（©CNexal,Inc.）

お客さまから見たら同じ企業（ブランド）でも、商材や提供するサービス内容によって、対応する組織は別々です。問い合わせや修理受付はカスタマサポート部、販売は営業統括部、出荷発送は生産技術部（工場など）、ＩｏＴの稼働ログは製品開発部、デジタルマーケティングはマーケ部など、部門内で使っているＤＢは必要な個所しか連携していないことが多くあります。特に業務を効率化するといった部分最適には特化していますが、コミュニケーションを最適化するためにデータを集約して活用することは想定されていません。つまり、カスタマサポートは問い合わせ単位がキーになり、出荷や発送は契約ＩＤと製品番号などのシリアルＩＤがキーになり、営業は案件や商談単位がキーになります。

このような社内に散在しているＤＢやデータを、顧客をキーに集約し、社内のだれが対応したのか、お客さまの状況はどうなっているのかすべて可視化し、コミュニケーションの最適化を図ろうとする動きが始まっています。

第４世代でＡＢＭに取り組む企業ではマーケティングや営業接点などフロントデータの集約が中心になりますが、過去取引があった履歴、修理サポート情報、納品設置した機器のＩｏＴログなど、すべてのデータを集客できる環境がそろっているのは第5世代としています。基幹システムを刷新するのが難しい場合は、データを集約するＣＤＰなどをすでに導入し、データを可視化している企業もあるでしょう。

この絵をマーケ視点のリード管理に置き換えると、図５－２のようになります。ファネルが１周してつながっているような表現になります。たとえば、ある企業を指定した時、広報宣伝でのＰＲ活動にどの程度反応したのか、新テーマや新分野に興味をもった取引外部門のリードを獲得できたのかなど、顧客を軸に据えたデータがそろっている状態になるため、現状や実態を把握しやすくなります。

リード情報を個人単位で持つのはＤＢの基本ですが、企業単位やその企業の組織単位でグルーピングして分析できるように設計しておくことがポイントです。ＣＲＭの顧客マスター

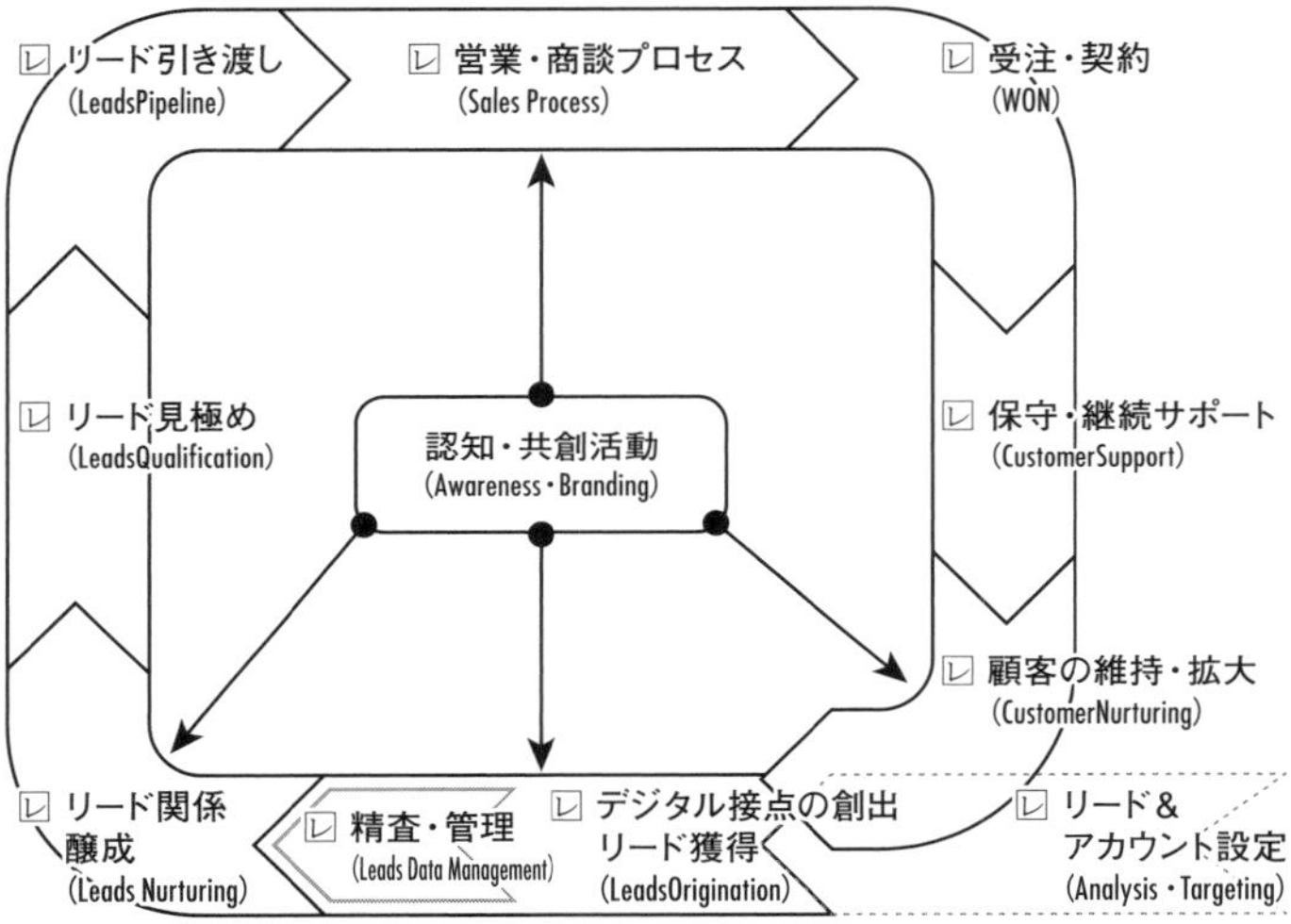

図5-2　B2Bリードマネジメントサイクル（©Nexal,Inc.）

やＩＤ管理がされていないと、データをひもづけることができません。

最終的にこのような企業が目指すコミュニケーション最適化の目的やゴール設定は、

・置き換えや追加発注が発生するタイミングで提案や商談機会を増やす
・障害などの不満材料やリスクを最小限に抑え、解約を減らす

など、さまざまあります。顧客をキーにしてデータを集約するのは〝手段〟なので、最終的に何を目指すのか、お客さまにどのような価値を提供するのかという〝目的〟やＷｈｙについては、議論が必要です。

DXの一環？　迷走する企業

第4世代がおこなう「既存の維持拡大」や、第5世代の「顧客に合わせたコミュニケーションや体験設計」の議論をおこなうと、必ず基幹システムやプラットフォームとしての基盤や環境、データ整備の話につながります。前章の最後「ABMシステム実装で躓く4つのポイント」でも記載しましたが、営業やマーケなど一部門だけで解決できる話ではなく、全社の方向性や方針がなければ環境を構築することはできません。

一方で、政府が率先して打ち出しているDX化に伴い、戦略的な投資として「DX予算枠」を特別に設けたり、経営企画や直轄組織としてDX推進室を立ち上げる企業が続出しました。〝2025年の壁〟を解決する狭義の意味でのDXと、デジタルシフトで業態自体を変える広義のDXが混在する中、IT部門の組織名を単にDXという名称に変え、全社的なIT投資はDX新組織が一括して取りまとめるケースを多く見かけます。

全社横断で問題点を洗い出し、徹底的に議論を重ねて課題をまとめ、優先順位をつけて実行計画を練っている企業は、正常なステップを踏んでいます。しかし、業績が悪化している最中、「使える予算はDX枠しかないから」という理由で、「とりあえず買えるツールは今のうちに買っておく」という企業があるのも、残念な事実です。そのような企業に見られるのは、ＣＩＯの権限がそのまま継続されており、その方はマーケティング脳を持っていない昭和型だったりします。

まだ記憶に新しい「イノベーション（革新・改革）」も、古い体質や大企業病の会社では似たような動きがありました。経営企画直轄の組織として「イノベーション推進室」を設置し、外部の著名な講師を招いては、勉強会ばかりしている企業を何社も見てきました。私も、数社から〝イノベーション研修〟をしてほしいと依頼されたことがあり、目的を聞くと「イノベーションを起こしたいから」と真顔で言われた時には絶句しました。「絶対にこの企業で構造改革は起こらないな」と心の中で思い、丁重にお断りしました。

部門の主導権争いしているうちは5世代ではない

第4世代までの取り組みは、1事業本部内で完結できる企業もあります。しかし、事業部を超えて、全社的な取り組みとして検討するとき、必ず問題に挙がるのは「どの部門またはだれが旗振り役になるのか」という話です。顧客視点でのマーケティング改革は、役員層にリーダーシップをとれる人材がいないという話を第3章でも紹介しましたが、仮にＤＸ推進室を立ち上げたとして、権力争いをしている企業をたまに見かけます。

わかりやすい例で解説します。デジマ×インサイドセールス組織の型（図3－7）で説明したように、マーケティング組織が本社機能になく、事業部内発足型でそれぞれがマーケティング活動に取り組んでいたとしましょう。大手の場合は、1事業部であっても売上自体が中堅クラスの企業規模と同じになるので、事業部内の予算で、MAツールやSFA、CRMまで独自環境を整備していたりします。似たような環境が複数の事業部にある企業では、たいていMAツールもバラバラです。そこに、やっと全社プロジェクトが立ち上がります。

どのシステムを継続させ、何を統廃合するのかといった議論の際に、「ワタシが選んで使っているシステムが選択されればワタシの勝ち。他事業部が使っているシステムが選択されればワタシの負け」のような、主導権争いに発展することがあります。ツールの入れ変えにともなう労力は第2章で解説しましたが、ベンダーとの取引関係がその事業部にとってWIN－WIN関係のパートナーであれば、なおさら泥沼の議論になります。

特にDX新組織となると特別予算枠もつくことから、本部長同士の腹の探り合いのような議論が起こります。いわゆるベンダーを背負った派閥争いのようなものです。「大きな小学生同士の喧嘩みたいだな」と外部の人間として呆れてしまう場面もあります。

このような利権争いをしている企業に完全に抜け落ちているのは、〝お客さま〟の視点です。

長年にわたり信頼関係を築きながら取引を拡大してきた重要なお客さまと、新しい市場を開拓するためにいっしょに共創していきたい、または事業部間を超えて互いに売上を最大化しようと、全社一枚岩でのＡＢＭに取り組むなら、主導権争いをしている場合ではないでしょう。やはりそこは、各ベンダーとの利害関係を背負う事業部のだれかが旗を振るのではなく、事業部を横串で見られるビジネスマーケターの俯瞰した眼が必要になります。

マーケティング脳を持つ人材をＤＸの議論に入れる

ＤＸのＤはデジタルですが、ツールやＩＴを導入するだけではＤＸではありません。じつは、Ｘ＝トランスフォーメーションである構造改革が主体になります。デジタル時代に合わせた仕組みやプロセスの改革などが伴うことがポイントです。

また、システム統合やＩＤ連携などシステムの話をする前に、既存のお客さまとＷＩＮ－ＷＩＮの関係を継続するにはどのようなサービスや価値を提供できるのか、自社の価値は製品以外に何かあるのか、徹底的な議論をおこなうことをお勧めします。

そのためには、マーケティング脳を持った方を、ＤＸの議論に入れていただきたいと思います。〝マーケティング脳を持った方〟とは、要約すると以下の３つのポイントを理解し、論理的に説明できる方になります。

・自社における顧客とはだれなのか
・自社の存在価値、提供価値はどこにあるのか
・勝負できる市場やポジションを定義できているか

上記を徹底的に社内で議論し、方針を決めた企業では、やるべきことが見えているため、DXと騒がれる前から着実に取り組んでいます。

市場の動きを知り、顧客を理解し、競合を分析し、自社の立ち位置を把握することは、言葉で書くとかんたんです。しかし、あたりまえのことを整理するのが、じつは一番難しいのです。世界的なパンデミックによって、今は市場の動きが読みづらくなってきました。今後の将来ビジョンを固めるいい機会になるでしょう。

“DX推進しているふり部”になっていないか？

国内ＢｔｏＢ企業で第5世代のマーケティング組織体を持つ企業、または第5世代に向け

① 顧客接点の最適化	●マーケティングのデジタル化・デジタルを活用した仕組み化 ●リアル接点のデジタライゼーション ●IoTデータの活用　…など
② 内部プロセスの改善	●デジタル化による生産性向上・業務改善 ●働き方改革・環境改善 ●工場のスマート化　…など
③ 新規ビジネスの展開	●モノからコトへのビジネス転換 ●グローバル展開や各域別展開 ●新業態・新ビジネスモデル …など

図5-3　デジタルトランスフォーメーションの範囲

て取り組む企業は、公開事例としてまだ数社しか出てきていません。しかし水面下では、システム刷新やデータ連携を含めて、多くの企業がデジタルマーケティングや（マーケティング）ＤＸとして取り組んでいます。マーケティングが根づいていない会社は、〝営業ＤＸ〟と言っているかもしれません。

某機械部品メーカーでは、２０１８年度下期に、社内でＤＸ推進室が発足しました。各関連事業部で選任されたメンバーが集い、「自社においてＤＸとは、何に取り組むことなのか」議論した結果、最終的に図５－３の３つに集約されました。

現在、ＤＸ推進室や社内タスクフォースが立ち上がった企業の動向を見ると、上記

②の内部プロセスの改善止まりであることがほとんどです。一番多い取り組み目的は、生産性向上や業務改善でしょう。非効率な業務プロセスを改善するために自動化プログラムの開発やシステムの入れ替え、テレワークを継続している企業ではオンライン化やデジタル化、ネットワーク環境やセキュリティなどの投資が盛んです。

しかし、①の顧客接点の最適化に取り組む企業では、マーケティングDXと言われる前から、マーケティング組織が第3世代まで進んでいます。次のステップとしてどうするか、DXを議論すると、「顧客接点の最適化」という結論に至ります。もっと深堀すると、

・顧客接点を集約し最適化することによって、お客さまにどのような体験や新しい価値を提供できるのか（ABX：アカウント・ベースド・エクスペリエンス）
・顧客軸に合わせてコミュニケーションはどう変わるのか（BtoBtoE：企業対企業個人）
・接触する組織構造はどのような体制が適切なのか

など、具体的な実行計画に取り組んでいます。

第5世代のサイクル型は「顧客を軸にすべてのリアル接点×デジタル接点の状況が可視化

され、顧客に合わせたコミュニケーションができている」と定義しましたが、顧客に合わせたコミュニケーションを実現するには、

・商流や販売プロセスといったチャネル接点
・メールだけでなくチャット、アプリといったコミュニケーション手段
・自己解決の完結型（Ｎｏｎ Ｈｕｍａｎ）と、人が介在する対面型（Ｈｕｍａｎ）

など、多様化する顧客にとって最適な組み合わせを提供できるかを考える必要があります。

ＤＸの目的が「内部プロセスの改善」しかない企業では、マーケティングを理解している方がプロジェクトメンバーや推進チームの中に1人もいません。特に第1・第2世代がＤＸに取り組むと、顧客視点という発想が抜けるため、「オンライン商談ツールを導入する」「資料をクラウド上に置く」という程度で、〝営業ＤＸ〟と言い換えてしまう傾向があります。修理や保守サービスをしているカスタマーサポート部をカスタマーサクセス部の名称にしてしまう傾向も、似た企業群かもしれません。

先にも記述しましたが、情報システム部がＤＸ部と組織名称を変え、全社的なＩＴ予算はＤＸ部が管轄する企業では、結局のところＷｈｙがなくＨｏｗとしてツールを導入して終わ

ります。「ツールの契約はおこなうが、使うのは事業部で勝手にどうぞ」という論調になるため、その後の運用といった根づくサポートまではしない傾向があります。

また、外資ツールベンダーやコンサル会社も、予算が通りやすいＤＸ部門へ一生懸命アプローチしていることでしょう。グローバル展開している某企業に、某外資企業が提案してきた資料を確認させていただきましたが、酷いものです（一部の例です）。ソリューションや商材など、ターゲット顧客セグメント軸の説明は一切なく、高機能ＣＤＰ（カスタマー・データ・プラットフォーム）やＡＩ・ＢＩの名前が並び、値段だけは億単位でついていました。絶対に失敗するといえる典型例です。

マーケティング組織の各世代で説明してきたように、デジタルマーケティングもＤＸも、同じような失敗を繰り返す危険性があります。

・どのような目的か
・何を実現したいのか
・何を目指したいのか
・どのような順序で取り組むのか

戦略や方針が定まらなければ、最初の一歩も踏み出せず、成果としても評価すらできません。ツールを導入することも手段であって目的ではありません。また、外部の講師を呼んで勉強会ばかりしている会社は、厳しい言い方をすれば、〝仕事をしているふり〟をしているだけでしょう。事例クレクレ企業の特徴です。

自分ごと、自社ごととして課題を整理し、方向性や実行計画を議論するステップに入れない企業は、いつまで経っても〝推進しているふり部〟で終わるでしょう。

では、第5世代に発展していくには、どうすればいいのでしょうか。ここからは、第5世代の企業（予備軍も含む）が現在取り組んでいる事例を紹介します。

①社内の営業&マーケの人的再配置（組織の再編成）
②パートナー制度の見直し（PRM戦略）
③案件予測やトラブル予兆のモデリング（AIのビジネス活用）
④IoTデータを既存維持拡大施策として活用（マーケ視点でのIoTデータ活用）

組織を再編成する

一番わかりやすい活動は、組織の再編成です。テレワーク続きで出社が限定的な企業が増え、対面でお客さまに会える機会が減った今、急いで見直している企業も増えました。では、第5世代の組織を持つ企業では何が違うのでしょうか。

・各接点を可視化したうえで、〝自社の顧客〟をさまざまなセグメント軸で再定義する
・人が直接介在して対応する商材範囲（Ｈｕｍａｎ）と、デジタル的に対応する商材範囲（ＮｏｎＨｕｍａｎ）を明確にする
・対面訪問型の営業（ハイタッチ）と、非対面型（テックタッチ）の営業の役割を顧客セグメント軸で明確にする

この3つをふまえたうえで、組織構造を見直している点が一般企業とは異なります。

「国内需要・売上が減ったから」

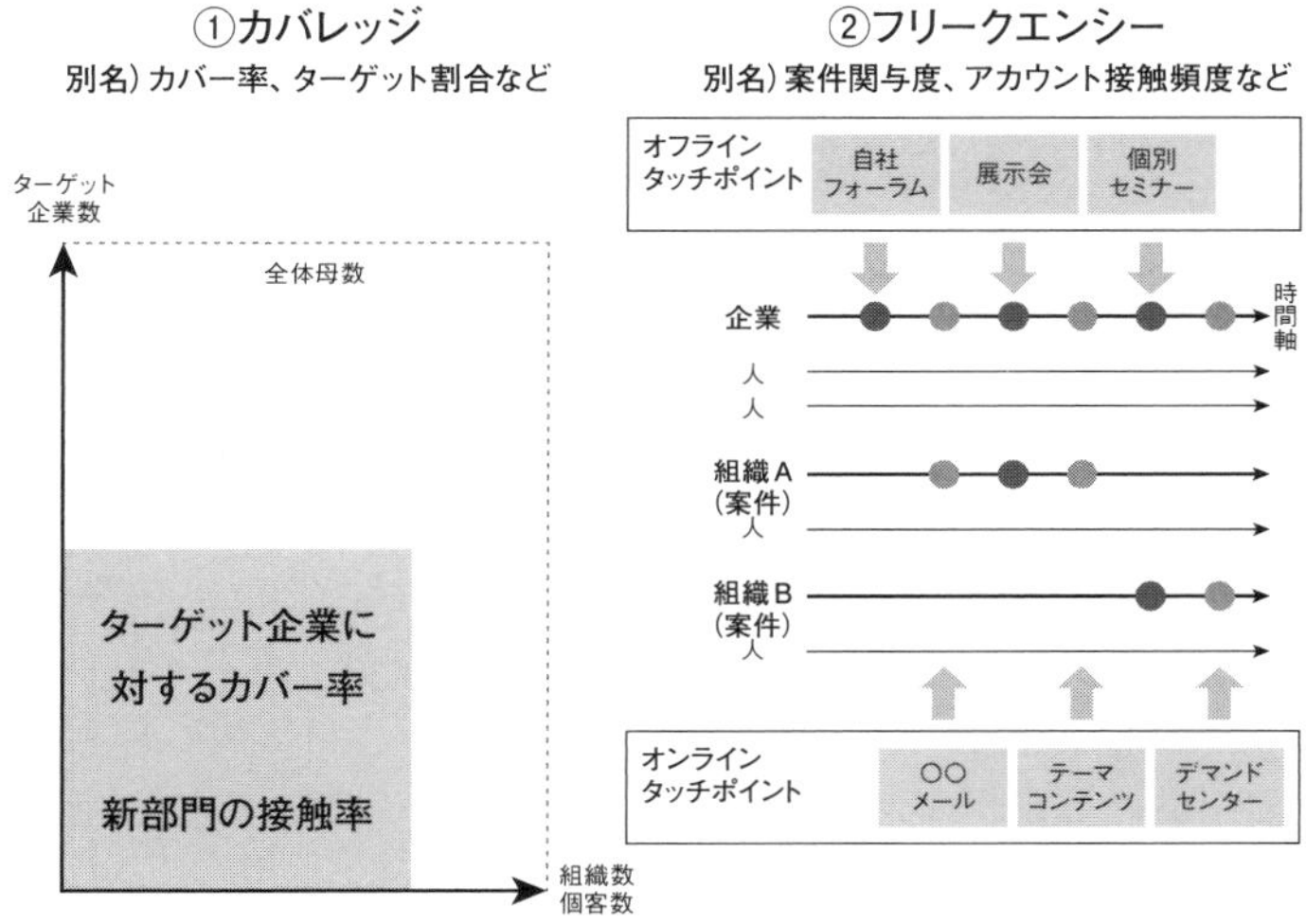

図5-4　第5世代が意識する評価指標（©Nexal, Inc.）

「コロナで営業活動しなくても受注が減らなかったから」

「事業を売却したから」

といった理由で組織をガラガラポンするのではなく、「今後どうするか、どうすべきか」の確固たるビジョンや意志があって改革をおこなえるかどうかになります。

また、第5世代のマーケティング組織は、営業戦略であるターゲットアカウントに対しての接触率（カバレッジ）や、案件関与度（フリークエンシー）について網羅できていることを前提にしています（図5－4）。なぜなら、限られたリソース（予算や人材）で最大の効果を狙うには、現在の状況や状態を常に数値やデータとして把握していな

ければ、打ち手をまちがうからです。たとえば、

・マーケティング活動によって戦略的にターゲットとした顧客と、どの程度接触できたのか
・新規にアプローチしたい部門と、接触や接点がない企業はどこか
・マーケティング活動がどの程度、案件創出プロセスの中で貢献できたのか

といったことが見えていなければ、無駄な広告投資、空回りの展示会出展、勘違いのスパムメール、成果が出ない人材浪費になってしまいます。

販売チャネルとパートナー（PRM）を見直す

企業とパートナー間の取引を長期的に良好な関係を構築・維持することをPRM（Partner Relationship Management：パートナー・リレーションシップ・マネジメント）といい、パートナー戦略の意味合いで使われます。販売店、代理店、商社、卸、リセラー、ディストリビューターなどをすべて「（販売）パートナー」と総称した時、各メーカーやベンダーの国内パートナ

ーは全国で数百から数千社ほど存在します。パートナーの企業規模は大小あるので、地域によっては高齢化に伴って、事業継承に頭を抱えている中堅・中小企業も見かけます。

ただ、海外メーカーでは、各エリアの商社を通さず直接販売に力を入れ始めています。デジタルマーケティングに取り組むことによって、最終クライアントと直接コミュニケーションができることから、販売網の変革や業界構造の崩壊が起きています。また、プロトタイプ開発時や小ロット単位の少額取引用に、自社でECサイトを立ち上げるべきか、アマゾンのようなBtoBプラットフォームに乗るべきか悩んでいる中堅メーカーもちらほら見かけます。

序章で営業の価値観についてお伝えしましたが、すべて対面型営業で〝足で稼ぐ〟スタイルや、パートナーからの売上に依存し続ける企業体質、確立された販売網で安住しているような企業は危ういでしょう。安定しているように見える既存事業だからこそ、パートナーの再定義、デジタル接点を活用した販売網の構築など、PRMの見直しに取り組むべきです。

BtoBの中でもダントツに多い、材料・素材、機械・電子部品、設備品、コンポーネント材などの産業財や、工作機械や事務機器などの完成品を製造販売する企業において、販売チャネルを大別すると2つに分けられます。

・**直接販売型**（以下、直販）……自社営業（販売子会社）が直接提案し、契約を交わす
・**間接販売型**（以下、間販）……パートナー営業が提案し、契約を交わす

間販はさまざまなパートナーを通じて販売していますが、物理的な商材＝ものを取り扱う製造業では、販売ルートも２つに分けられます。

・**ディストリビュータ**（Distributor、以下ＤＩＳＴ）……卸売業
・**セールスレップ**（Sales Representative、以下ＳＲ）……販売代理店業

上記の違いは、商材の所有権を持つか否かで区別され、代金の回収タイミングが異なります。

ＤＩＳＴの場合は、ＤＩＳＴがメーカーからまとめて商材を買い取り、エンドユーザーに好きな金額で販売できます。メーカーから見れば、代金を先に回収できるというメリットもあり、長年ＷＩＮ－ＷＩＮ関係を築いてきた相手はＤＩＳＴとの関係性がすべてという企業も多いでしょう。また、ＤＩＳＴの中でも専業（独占販売権）と兼業（非独占）に分かれ、専業ＤＩＳＴ同士が地域で重ならないよう調整しているはずです。

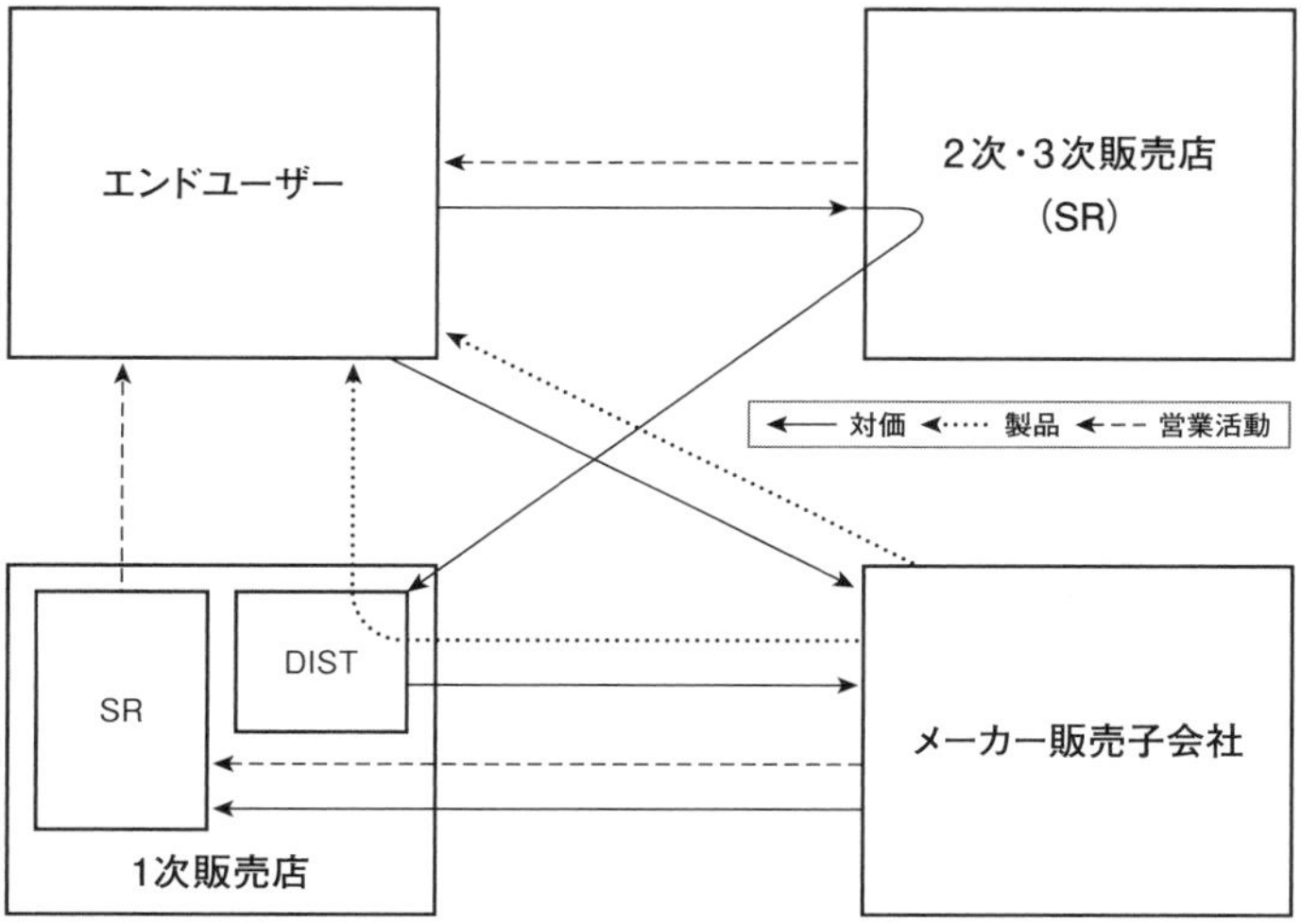

図5-5　某メーカー販売会社（完成品）におけるビジネススキームの例（©Nexal）

SRは、販売を代行し、契約が決まった段階で、メーカーから最終クライアントへ納品されます。代理店は後から（メーカーから）報酬を受け取る仕組みが多いです（ただ、代金回収も販売店が代行する契約もあります）。

このようなパートナー戦略や代理店同士の交通整理、新規のパートナー開拓などは、メーカー販売子会社が担っているでしょう（図5－5）。営業組織でいえば、パートナーセールス組織がすべてを管理しています（序章「営業組織体制の6つの型と抱える課題」を参照）。

第5世代に進む企業の中には、DISTとSR、さらにメーカー販売子会社での直販、この3つのルートをどう組み合わせるのか、販売網の見直しが始まっています。なぜなら、ＤＳＴやＳＲも対面型営業スタイルではなく、デジタルマーケティングを組み合わせた非対面型にシフトしつつあるためです。たとえば、パートナーの中にはグローバルＥＣサイト（小ロット調達サイト）で販売店ページを開設して販売していたり、独自ＥＣサイトで販売しているケースもあり、最終エンドユーザー（購入側）から見ればわかり辛くなっています。完成品の場合は修理や保守サービスなども絡むため、ＤＩＳＴに納品した先のエンドユーザーの状況がまったくつかめていないメーカーもあります。

海外メーカーが代理店のリストラ整理をし始めている背景も、上記のような視点から見れば納得できるでしょう。デジタル接点による直接販売や、テクノロジーを活用した直接コミュニケーションができる現在、

・代理店との関係を今度どうするのか
・戦略パートナーとそれ以外をどうやって区別するのか

を整理する時期にそろそろきているのではないでしょうか。

ある外資電子部品メーカーでの話ですが、中国ＥＣサイトで自社商材が勝手に掲載され、在

庫情報まで載っていた事象が発覚しました。小ロットであれば独占ＤＩＳＴ経由、グローバルＥＣサイトで販売できますが、中国ではそのような販売網はありません。勝手に自社サイトを自動的にクローリングされ、許可なく掲載しているという状況です。さらに型番などが古く、「量産の場合は納品できる在庫がない」とまで書いてあったりします。

某機械メーカーでは、手が付けられない状況でした。中古で流れた機械がアジアで販売され、修理も正規部品ではなく、販売網が確立できていないため現地では手に入りません。代用品で修理され続けています。さらに、その機械が中古ＥＣサイトに掲載されており、購入者からの修理依頼問い合わせがメーカー側に、ブーメラン的に戻ってくる始末です。ＥＣでの販売は、輸送さえできれば国は関係なくなります。国境を超えて売買できる現在、地域限定型の販売網では立ち行かなくなってきているのです。

上記は一例ですが、最近このような事象があちこちのメーカーで起きています。ＥＣサイトで販売している企業が正規代理店なのか、ＤＩＳＴ経由の２次店・３次店経由で流れた商材が勝手に売られているのか、見え辛いのです。昭和型の営業スタイルではＷＩＮ－ＷＩＮの関係でも、令和型ではその関係性が崩れてきているといってもいいでしょう。

なぜＢｔｏＢ企業でもデジタルマーケティングに取り組まないといけないのか、昭和型価値観の事業部長でも理解できるでしょう。自社が把握していないだけで、どこかの国で自社商材が転売されているかもしれない――これを危機と捉えるか、チャンスと捉えるかの違いに尽きます。

予測マーケティングのAI化に取り組む

AIといっても、画像や位置情報データで活用される深層学習ではなく、マシンラーニング（機械学習）技術を用い、予測・予兆システムとしてマーケティングプラットフォームを構築している事例を紹介します。海外では、プリディクティブマーケティング（Predictive Marketing）といってさまざまなツールがリリースされていますが、学習用の教師データは自社で揃える必要があります。

国内でも、予測マーケティングに取り組む企業では、市販されているMAツールのスコアリング機能を手動でおこなったりせず、過去のデータ（学習させるための教師データ）から導いた分析結果を元に、予測モデルを作っています（図5-6）。行動特性パターンをコンタクトできるリードと、だれかわからない匿名に分け、デジタル施策の手段や優先順位を決めて実行しています。また、リードの属性や所属するアカウント属性データから、業種などの企業規模、部門や職種に分けてパターン分析することにより、精緻にデジタル施策を回すこと

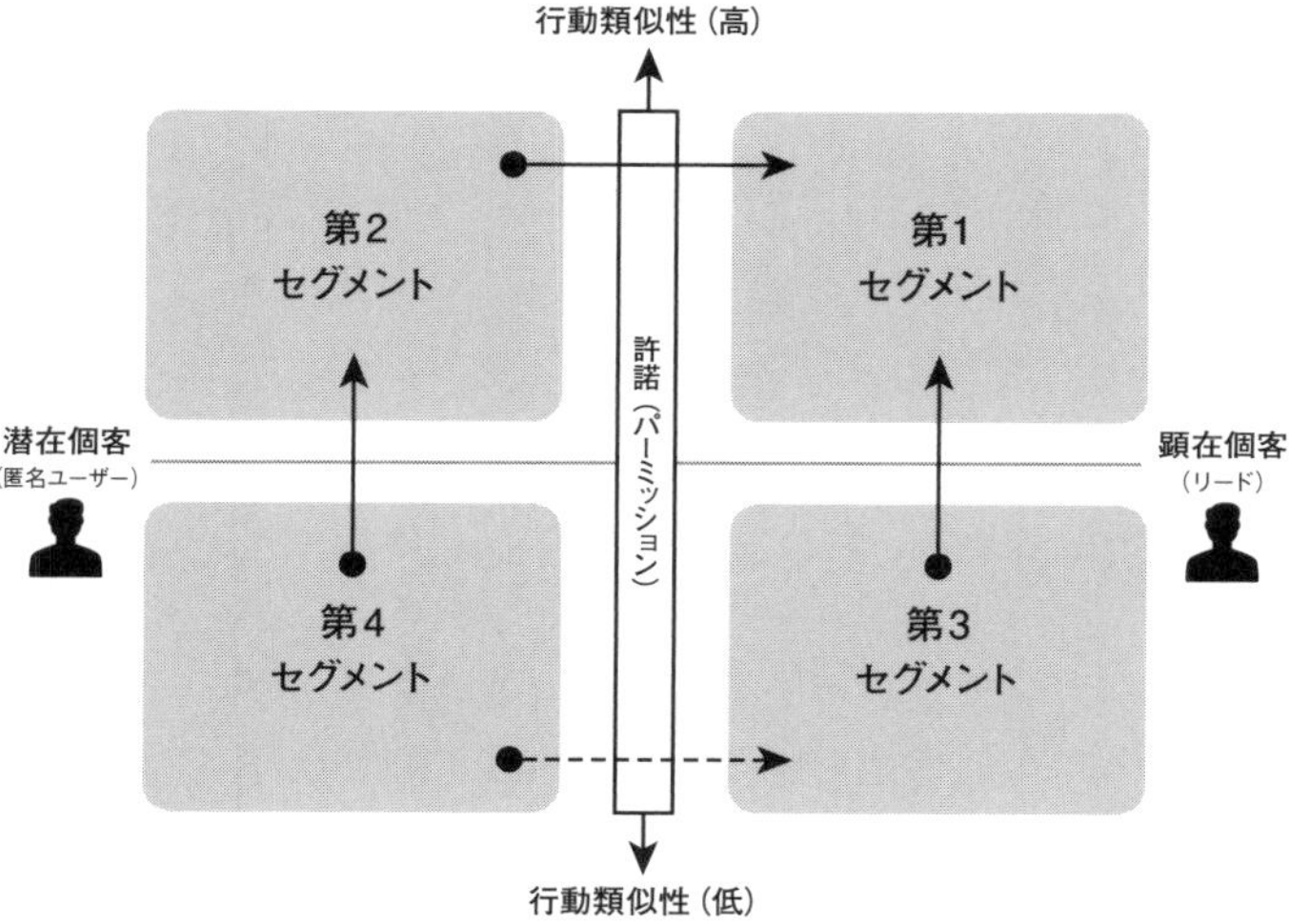

図5-6　行動特性のパターン化（予測モデリング）

ができます。

もし、市販MAツールのスコアリング（点数化）機能のルール設定を、たとえば事例ページを見たらプラス10点、採用ページを見たらマイナス10点など手作業でおこなっている場合、チューニング作業だけで専任1人は必要になります。実際に第4世代まで進んでいる企業が力を入れているのは、MAツールの標準機能を使いこなすというより、モデリング用のデータ分析と、足跡が残るコンテンツの制作や、関係醸成シナリオで状態（買う気）を判断するキラーコンテンツの開発になります。コンテンツ編集チームと、データ分析チームをマーケ組織内に必ず持っていることが特徴点です。

一例を紹介しましょう。この会社では、全拠点の営業が交換した名刺はツールで一元管理されています。営業はお客さまと交換した当日にスマホで撮影し、写真データをアップするルールを設けています。その時点で、担当者タグといっしょに社内CRMにリードデータとしてシステムにデータが取り込まれ、過去データと照らし合わせて自動的に名寄せ・重複削除（マージ・パージ）されます。

はじめて出現した名刺データは、翌日に一斉メールが自動送信されます。再パーミッションを得る自動実行プログラム（メール文）があらかじめ設定してあります。許諾をいただいたお客さまは、営業から送るメールもすべてトラッキング対象となり、提案資料はメール添付ではなくすべてダウンロード形式にして、行動ログを取得します。PDFに記載した商材のURLも、ID管理番号でリード単位に追跡可能です。

お客さま（リード）が自社サイト内の商品検索をおこなった履歴、閲覧したページや商材、ダウンロードした資料の履歴は、リアルタイムでインサイドセールス組織（仮名）がダッシュボード上で確認できます。一定の行動トリガーを基点に、フォローメールも配信されます。キラーコンテンツ（図3-5）の閲覧機能の利用の有無など、データ分析結果からトリガーとなるポイントをあらかじめ設定しているため、その条件にマッチしたものはインサイドセールスのアラート画面に表示されます。実行内容は多々ありますが、基本的には2時間以内に確認電話をする運用です。売り込みではなく状況確認が中心で、ヒアリングできた内容はすべて入力してデータを残しておきます。

・営業ステータス管理で、商談フラグが付いたリードは除外
・重点顧客の取引部門（組織）はコード単位で除外
・特定の重点パートナー経由の取引先リードの行動トリガーは、確認・連絡する相手が社内営業へ

など、すべてシステム上で処理され、クレームにならないような配慮は実装済みです。

これらのシステムを「名刺管理ツール以外はすべて自社開発」と聞いたら、驚くでしょう。興味深いのは、トリガーとなる条件設定をオンラインの行動データ（足跡）だけでなく、商談進捗や取引状況、エリア情報などほかのデータと連携して設計・設定できるという点です。

ただ、外部の第三者データ（DMP）とひもづけることまではしていません。広告IDを踏んだか否かの追跡は対象外としています。なぜなら、数年前の実証実験の結果、行動ターゲティングやセグメント精度が低く、成果が出なかったからです。

自社のWebサイトなど、管理しているコンテンツのオンライン行動履歴は、足跡データ

として残せます。つまり、自社のコンテンツを拡充することは、さまざまなセンサーを張り巡らせることと同じということです。市販のツールを使わずとも、何が検討のきっかけになるのか、自社の顧客はだれなのか、CRMを先に再構築したほうが、上記のような実装は早いかもしれません。

この企業が構築した環境は、CRMではなく〝予測マーケティングプラットフォーム〟といったほうがいいかもしれません。あえていうならば、〝自社独自CDP（カスタマー・データ・プラットフォーム）〟でしょう。

この会社では、仕組みを入れてから社内の動きが激変しました。特に非対面営業組織（新規・中小対応）の動きは無駄がなくなりました。また、データ分析チームがマーケ組織内にいることから、外注することなくノウハウも外部に流出しないのが特徴です。トリガーポイントはコンテンツが拡充されるたびに検証し、常にPDCAを回しています。

いきなりこのような最先端の企業を真似るのは難しいかもしれないが、国内でも成果を出し続ける企業は水面下で存在していることだけは伝えておきます。ただ、仮に上記のようなシステムを構築しても、業務プロセスとして現場の動きや意識が変わらない限り、成果は出ません。営業の日々の動きを常にデータとして管理する文化や風土、仕組みもないと、マーケティング組織だけではうまく回らないでしょう。

マーケティング部門だけの取り組みではなく、営業や事業部と連動した改革をしないと難しいですが、第4世代で成長が止まっている企業が目指す姿として、予測マーケティングの検証に取り組んでみてはいかがでしょうか。教師データがそろっていれば、予測モデルに取り組む価値はあります。

IoTデータをマーケティングに利用する

完成品を開発する機械系製造メーカーでは、納品・設置した機材から回収されるＩｏＴデータをマーケティングに利用するプロジェクトが増えています。今までは、保守や修理などのサポートの一環で利用されているだけでしたが、データを分析することでさまざまな価値が産まれます。

リード活用の図で説明すると第4世代に書いたダブルファネル型（図4－1）になります。リードデータやアカウントＩＤ、設置した機器から得られるＩｏＴデータを組み合わせる時に一番問題になるのは、第4章の「ＡＢＭシステム実装で躓く4つのポイント」でも解説したＩＤ連携になります（細かな話をすると、ＩｏＴデータを何に利用するのか規約変更も問題視されますが、ここでは割愛します）。

リードＩＤ⇒法人ＩＤ⇒契約ＩＤ（パートナーＩＤ）⇒設置場所（納品先ＩＤ）⇒設置・稼働機材ＩＤ

など、これらがすべてつながっていないと、マーケティングで利用するのが難しくなります。設置した、または稼働している機材の状態をチェックするようなプラットフォームを提供していれば、一部のデータはひもづけられるかもしれませんが、出荷タイミングで契約ＩＤと機材ＩＤを一元管理していない限り、データをつなげて解析するのは無理でしょう。あまりくわしく書くと実装話になってしまうため省きますが、ＩｏＴデータをどう利用するのか、箇条書きで記載します。

・**レベル１**：設置機材の稼働状況から、修理や故障予測に利用する
・**レベル２**：パートナー経由で販売・設置した機材の稼働状況から、そのエンドユーザーの利用実態を把握する
・**レベル３**：稼働状況からコミュニケーション方法やアップセルトークを顧客単位に変える
・**レベル４**：ＩｏＴデータ自体を顧客に提供し、サブスクリプションモデル型に切り替える

扱う完成品や機材によっても変わりますが、レベル1はおおよそどの企業でも新機種から順次対応していることでしょう。ただ、DST経由で納品した機材のサポート・修理自体をDSTに任せている場合、IoTデータまで販売店に開放している業態はまだ少ないでしょう。基本的には、ダイレクト販売して設置・納品した機材が中心となります。

CRM連携が進むと、レベル2のような顧客の稼働状況だけでなく、どのパートナー経由で販売した企業に高稼働ユーザーが多いのか、パートナー評価までできてしまいます。これを実現するには、出荷時のERPシステムの改修が必要な場合もあるかもしれません。

レベル3まで対応するには、コンタクトセンターや営業やマーケ組織との連携が必要なことから、プラットフォームがないと実行するのは難しくなります。

レベル3を通り越してレベル4を実行したい企業や、レベル4の事業戦略を描く企業は増えてきました。つまり、一括受注生産、一括納品、導入後はサポート継続ではなく、利用や稼働状況から稼働分課金のサブスクリプションモデルに切り替えることで新たなサービスに事業転換していきたい企業が増えてきたということです。

IoTデータの活用事例はさまざまな書籍でも紹介されていますが、DX推進まで担うマーケティング組織を持つ企業では、これからレベル3やレベル4を考えたうえで、システム連携を検討する必要があると予想されます。また、IoTデータを予測マーケティングのモデリングに利用できないか実証実験も水面下で進んでいることから、〝既存の維持拡大〟においてデータをどう活用するのか、デジタルマーケティングの重要性はますます増してくるでしょう。

マーケ&営業の7つの未来予想

これからも新しい技術やツールが世に出てくると予想されますが、ＢｔｏＢ企業のマーケティングや営業の現場はどう変わるのでしょうか。10年先の未来を予測してみます。半分ＳＦの世界観と思われるかもしれませんが、技術的には可能である内容を列挙してみます。

①対面や電話での会話はすべて音声認識技術でデータ化され、日報も音声入力が中心になる
②商談はカメラ越しに画像処理され、顧客の動作や表情から心理状態が数値化される
③社員の移動、位置情報は常にデータ化され、非効率な働き方が改善される
④日本語と英語の音声はリアルタイムで処理され、言葉の壁や国境の意識がなくなる
⑤５Ｇの通信環境によりリモート会議が中心で、対面スタイルは高付加価値サービスになる
⑥仮想部長ロボットが、予測モデルを元に、営業会議で音声指示を出すようになる

⑦予測モデルの分析データが販売され、成功報酬モデルがサービス化される

①～③は、現在の技術でも実現可能です。音声認識技術は、大規模コンタクトセンターではすでに広く実装されており、認識率も20年前と比較して精度が格段に上がっています。日本語での音声認識率は、今では97％にもなります。テキスト入力からのチャットｂｏｔだけでなく、顧客の会話音声を自動処理し、音声回答としての音声生成ｂｏｔも実用化が始まりました。営業が入力する訪問履歴も、移動したＧＰＳ位置データから一定時間滞在した候補を列挙して選択する方法や、音声インタフェースで入力する方法を実装している企業も存在します。

特にテレワーク続きでオンライン商談をおこなっている企業の中には商談中の会話履歴をテキストとして残しているところもあります。議事録として自動要約するまでは難しいですが、音声テキストデータを分析して、契約に結びついた商談とそうでない商談を比較分析し、オンライン商談の成功パターンを全営業に横展開して教育する企業も出てきました。

今後、商談中の相手の動作や表情は画像処理として分析され、その場の営業トークに活用するなど応用できるようになるでしょう。もしかしたら、ＡＩが作り出した仮想営業エージェントが、人間に変わってオンラインで商談することも現実的に起こりえるかもしれません。

④は、翻訳バンク※の活動が実り、英語や日本語はリアルタイムで処理できるため、海外取引との商談にも広く利用されると見ています。

このように、人間が手作業で文字を入力するインタフェースは様変わりすると考えられます。画像や音声、位置情報から、日常のあたりまえの習慣やＵＸ（ユーザー体験）はＢｔｏＢの商談現場でも変わってくるでしょう。

⑤は、２次元のＷｅｂ画面を通じたリモート会議から、リモートＶＲメガネなどのデバイスが市場に出てくるのが早いか、投影型の立体３Ｄ会議に変わるのが早いかはさておき、リモート商談がビジネスの中心に置き換わるでしょう。私もＶＲを使って社内会議をおこなった経験者ですが、２次元のＷｅｂ会議とはまた違った気づきが得られることを実感しています。「直接会って会話する」という行為は、重点顧客や重要な取引のみとなり、高付価値サービスの一環でしか提供しなくなると見ています。営業もオンライン商談が今後のスタンダードになることを予測して、組織構造をオンラインベースに検討する企業も出てきました。新しい技術を取り入れる前に、もしかしたら営業職の定義も変わると思います。顧客が実

※ＮＩＣＴ（国立研究開発法人情報通信研究機構）に翻訳データを集積し、自動翻訳の多分野化・高精度化を進める取り組み。
https://h-bank.nict.go.jp/

現したいビジョンや課題をくみ取り提案するコンサルタントに近い職種や、情報を的確に提供するエバンジェリスト（伝達職）となるかもしれません。コンタクトエージェント職など、新しい職種が出てくるでしょう。

これは勝手な憶測ですが、社内会議では顧客の動きからの予測モデルを利用した仮想部長ロボットか音声ボットで、今後の予測や指示がアウトプットされる時代になるのかもしれません。

また、外部公開データや第三者データを活用して、ＢｔｏＢ向けに商談予測モデルを成功報酬型で売るサービサーが出てくると考えています。今でもそれに近いサービスはあり、さまざまなＷｅｂサイトをクローリングして情報を集め、その内容を分析した情報が販売されています。

注意点として、上記は「技術的には可能である」という話であって、コンプライアンスの話とは別です。国内では、個人情報保護の法案改正や個人情報銀行など、社会インフラがどうなるかでビジネスへの影響が大きく左右されます。新しいサービスを開発・検討している方は、法改正へのアンテナを常に張っておきましょう。

おわりに

早く新しい取り組みに挑戦しないと、淘汰される時は一瞬

この書籍はコロナ感染が始まる前から執筆を始めましたが、1年を待たずして働き方や価値観が急激に変わりました。業績の見通しも難しくなり、将来に向けてどのような社会的価値を掲げ、事業を継続していくのか、どの企業も危機感がいっそう強くなったと思います。

特に、法人向けの商材や産業財メーカーなど、マーケティングを必要としなかった業界や重要視してこなかった企業にとって、今の国内にマーケティングの指針となるロールモデルがありません。一部の事例がメディアで紹介されていますが、途中成果の数字や枝葉の改善例がほとんどで、実際にはどの企業も発展途上でしょう。

じつは、早くからデジタルマーケティングに取り組み年間数十億円という実績や成果を出している企業数社に、「今までの長年の取り組みや苦労話を勉強会でお話していただきたい」と依頼したとき、こう言われた記憶が残っています。

「なぜ自社ノウハウを競合などの外部に言わないといけないのか、理由が見つからない」

「うちでは、マーケティングは経営戦略のことを意味するので、社長を押し退けて外部でし

ゃべるわけにはいかない」

「パートナーが大勢いる手前、くわしく知られて関係が崩れたら困る」

このように国内ＢｔｏＢマーケティングの成功例は表に出ないため、現在はツールベンダーが推す海外企業や外資系企業の事例が広まっています。しかし、文化や商流、ビジネス慣習や国土が異なる日本で、海外の方法論をなぞっても成果が出ません。

今は２０２１年、年号も令和３年となりました。業態自体をチェンジする企業が出始め、〝業界〟や〝業種〟という枠組みが崩れ、競合相手も様変わりし、２０３０年ごろに見える景色は一変すると、だれでも予想できます。積み上げてきた既存事業であっても、右肩上がりは鈍化し、安泰とは言えなくなります。既存事業の期限切れに気づかず、じわじわと茹でガエル状態になっている会社は特に危険です。すでに見え隠れしている課題があれば、早く新しい取り組みに挑戦しないと、淘汰される時は一瞬ではないかと思います。自分たちが茹でガエル状態になることをわかっている役員は、部下である〝おたまじゃくし〟が茹で上がることがないよう、次世代の挑戦にＧＯサインを出す勇気を持っていただきたいです。

どんな未来が待っているのか予想するとき、自社はどこに立って、どのような景色を見ているのか、だれかがビジョンを見通さないといけません。コロナという世界的危機を通じて、意思決定の速いオーナー企業ではトップダウンで改革が進んでいます。出遅れているのは、雇われ経営陣がそろう企業かもしれません。「オレは後3年我慢すれば……」などと考えている役員がいる会社に将来はありません。まずはできるところを探して、動きましょう。必ず道はできます。

限られたリソースで成果を最大化させるには

今まで200事業体ほどのマーケティング戦略や組織・仕組みづくりに伴走し、企業の成長を目の当たりにしてきました。今、このタイミングにも複数のプロジェクトが走っていますが、最近、机上でマーケティングの勉強ばかりしている「頭でっかち」が増えたと感じます。マーケティング理論や歴史は知っているけれど、成果を出すための道筋を描いたり、実践している方が少ないということです。社内で実行に移すには、ヒト・カネ・ノウハウなどのリソースや社内承認が必要になりますが、自主的に動かない方の中には、上層部を説得できない理由があったり、説明しても協力が得られないなど、さまざまな諸事情があるのも理解できます。

各社のプロジェクトを通じて、失敗・成功経験を繰り返した結果、どの企業でも参考になる内容はノウハウとして書籍にまとめたり、依頼があれば社内外のセミナー講演でお話しすることはできます。ただ、「いい話を聞いた」「勉強になった」では、今と何も変わりません。知識として得るだけでなく、社内で実践・実行し、成果を出してはじめて、評価もされるでしょう。

現在、マーケティング組織5世代モデルの第1、第2世代の企業から、「ツールを入れたが成果が出ない」「これから始めたいがどこから手を付けたらいいのか」など、悩みやご相談が後を絶たず、すべての企業のプロジェクトに伴走することはできません。「たとえ3周遅れの会社であっても、今までの知見から何か貢献できることはないか？」と考えた結果、ＢｔｏＢ企業向けのマーケティング実践トレーニングプログラム、リードビジネスゲーム®を開発しました。

https://leadbusiness.nexal.co.jp/

企業・組織向けの教育プログラムになりますが、限られたリソースで成果を最大化させるにはどうするのか、一連のプロセスを体験・シミュレーションできます。現場でよく起きる事象やノウハウはロールプレイングゲームのプログラム内に再現されているので、年間計画を立てる前に体験しておくと優先順位や注意点がわかります。トレーニングパートナーも増えていますので、身近な企業にご相談ください。

最後に、本書籍や実践プログラムがみなさまのプロジェクトに役立ち、成果を実感・社内評価されることを期待して筆を置きます。最期まで目を通していただき、ありがとうございました。

「さて、どこから始めましょうか？」

Do Action!! Do Moving!!

令和3年3月　上島《かみじま》千鶴《ちづる》

用語解説

リード（別名：個客）

辞書でLeadを調べると「導く」「手をひく」といった一般動詞ですが、マーケティング用語で使う時のリードは、正確にはセールス・リードのことです。近い和訳では、案件や商談の「引き合い」という意味になります。また、名詞で使う場合はLeadsとなり、リード情報を意味します。海外レポートでは動詞と名詞を使い分けていますが、日本の場合はまとめて「リード」と括って使うことが多いです。

また、海外ではBtoCでもBtoBでも、「売上や契約につながる可能性がある個客」は、すべてLeadと表現しています。国内の場合、リードというと、BtoBビジネスを想起される方が多いですが、実際には個人情報のことであると覚えておきましょう。

BtoBビジネスの場合、契約や取引する商談相手は、消費者や生活者としての個人ではなく、法人に所属する個人になります。よって、BtoB企業でのリードの定義は、法人に勤める方の個人情報、すなわち社名、組織名、役職名、氏名、住所、電話番号、メールアドレスの7点セットが相当します。

リードを「個客」と和訳することもありますが、自社で定義したマーケティングプロセス上のどの段階の個客か、または現在の〝状態〟によって区別するために、さまざまな3文字略語が存在します。

●ＯＬＧ（Online Lead Generation：オンラインリードジェネレーション）

Ｗｅｂフォームから獲得した個人情報の件数のこと。

●ＳＧＬ（Sales Generated Leads：セールスジェネレーテッドリード）

営業が商談や共催セミナーで、交換してきた名刺数のこと。

●ＣＧＬ（Customer Generated Leads：カスタマージェネレーテッドリード）

既存取引企業から新しく獲得したリードや交換した名刺の数のこと。

ＣＧＬは、重点顧客の新規取引部門の方と新しく名刺交換した数や、オンラインで重要取引企業の新しいリード情報を獲得した時など、獲得したリードの内訳区分として〝狙った特定顧客の新規獲得件数〟として使う場合があります。

このような3文字略語は、すべて欧米のツールベンダーや外資コンサルのアナリストが発信源になりますが、業界標準の定義や正解があるわけでなく、自社で管理・運用しやすい区分をつけることがポイントです。

プロセスや施策別にどのようにリード情報を区別して管理するのか、プロジェクトで使用した指標一覧や定義例について、くわしく知りたい方は、拙著『マーケティングのＫＰＩ－〝売れる仕組み〟の新評価軸』（日経ＢＰ社）を参考にしてください。

リードの行動追跡率（別名：トラッキング率）

外資系や国内ベンダーが開発・提供しているＭＡツールには、リード単位で自社保有のＷｅｂサイトの行動履歴を追跡・管理する機能が標準搭載されています。行動履歴を何か月分管理できるかはベンダー仕様によって変わりますが、この機能がなければＭＡツールとは呼ばないというほど、基本的な機能です。

ＭＡツールを導入し、資料請求やお問い合わせなど、自社のホームページ上にあるフォームを改修すると、入力されたリード情報は自動でＭＡツールのデータベースに保存され、管理することができます。フォームに入力し、送信した時点でメールアドレスとＭＡツールが発行するＩＤ（cookie）がひもづき、個人単位にその後のオンラインの行動が追跡できるのです。

ただ、多くの企業でリードを獲得する手段は、展示会で集めた名刺や営業が交換する名刺になるでしょう。現実世界で獲得したリード情報をMAツールにアップロードしても、フォームを通過していないため、その時点ではまだメールアドレスとIDがひもづいていません。その状態のままWebサイト内の行動を点数化設定しても、追跡者はゼロのため、スコアリング機能のメリットを十分に活かせなくなります。

よって、MAツールを導入し、過去に獲得したリード情報をアップした後にやるべきことは、許諾メールを送って、文中に記述されたURLをクリックしてもらうことです。URLをクリックした時点でやっと、メールアドレスとIDがひもづきます。現在、MAツールを利用しているのであれば、管理しているリード数のうち何%がID（cookie）とひもづいているのか、それを「リードの行動追跡率」としてチェックしておきましょう。

注意点は、個人情報の取り扱いについてです。個人単位の行動履歴は、個人情報として取り扱っていると明記しないと違法になるので、MAツール導入時は自社のプライバシーポリシーの文面を必ず見直しましょう。また、各種フォームからリード情報を獲得する時、自社のポリシー内容を表示したり詳細リンクを貼ったりして許諾（オプトイン）前提にしている場合は問題ありませんが、現実世界で獲得した名刺は交換した相手に許諾をもらっていないことになります。厳密にいえば、許諾していない相手のオンライン行動履歴を勝手に管理することは違法になるので、許諾（オプトイン）するための確認が必要になります。

最近、名刺交換した相手に資料を送る際、メール添付ではなく、ダウンロード形式でＩＤ付きのＵＲＬを知らせ、許諾を得ることなくダウンロードしたタイミングでメールアドレスとＭＡが発行するＩＤをひもづける企業が増えています。そのような企業のプライバシーポリシーには、個人の行動履歴は個人情報と明記していないことも多く、個人的には問題視しています。改正個人情報保護法をよく読み、社内法務と協議してください。くわしく知りたい方は、拙著『リードビジネス〝打ち手〟大全―デジタルマーケで顧客を増やす最強の戦略86』（インプレス社）を参考にしてください。

BANT（バント）

自社ホームページ内にある資料ダウンロードフォーム、またはＺｏｏｍなどを利用したウェビナーの申込フォームなど、オンラインでリードを獲得する施策に各社取り組んでいることでしょう。しかし、入力されたリード情報は、名刺と同じ「属性情報」であって、そのまま営業に渡しても、営業はどう動けばいいのか判断がつきません。よほどターゲットとして狙っている企業や、予算を持っているだろう役員層であれば挨拶を含めてアタックするかもしれませんが、忙しい営業にとって本当に欲しい情報は、お客さまの現在の「状態情報」になります。例えると、以下のような情報になります。

Ｂ（Budget）予算　：すでに予算を確保しているか
Ａ（Authority）権限　：どの程度の権限をもっているか
Ｎ（Needs）要望　：要求や課題はあるのか
Ｔ（Time Frame）時期：いつごろ、検討または導入予定か

それぞれの頭文字をとってＢＡＮＴ（バント）と呼びますが、商材やターゲットに応じて、必ずこの項目になるとは限りません。現在、教科書的に「ＢＡＮＴ情報が必要」という言い方をしますが、実際に各社のプロジェクトに入ると、新規取引となる企業や、信頼関係がない方に直接聞く項目としては、かなり難易度が高いとわかります。

海外では1つの方法論として広まったＢＡＮＴですが、これを鵜呑みにしたベンチャー会社では、問い合わせしてきた初対面の方に「すでに予算はありますか？　あなたの権限としていくらまで出せますか？」と非常に失礼なメールコミュニケーションをしている場面を見かけるようになりました。「ちょっと連絡したら、いきなり家に入られ、預金通帳を見られた気分」に近いでしょう。単価が安い商材の場合、数多い新規問い合わせの見込み度を効率的

に振り分けるには有効かもしれませんが、「ビジネスマナーとしてそれはないだろ？」と思うことは避けたほうがいいでしょう。特にブランド力がある企業が真似るのは危険です。

今まで、案件や商談につながるかリードの見込み度を判断するため、商材や顧客との関係性によってさまざまな評価シートの設計をしてきました。電話やメールで聞き出す以外に次のような方法があります。

①アンケート
②診断シート
③概算見積機能

第３章でキラーコンテンツの話を書きましたが、コンテンツの内容や機能に興味があるか、閲覧したかというデータ自体がＢＡＮＴ情報に相当し、案件見込み度を判断できます。

上島千鶴（かみじま・ちづる）

株式会社Nexal代表取締役。法人営業デジタル化協会 代表理事。すべてのタッチポイントやチャネルを顧客基点に再設計する耐久消費財BtoCビジネスや、事業戦略からマーケティングを定義し、組織成長を後押しするBtoBビジネスコンサルティングに従事。実績は大手中心に200事業体を超える。NIKKEI BtoBマーケティングアワード審査員。コールセンタージャパン主催 コンタクトセンター・アワード 審査員。
おもな著書に『リードビジネス“打ち手”大全』（2018年・インプレス）、『マーケティングのKPI「売れる仕組み」の新評価軸』（2016年・日経BP）、『Web来訪者を顧客に育てるリードナーチャリング』（2009年・日経BPコンサルティング）、『ネットで売上を増やす! アクセス解析徹底活用術』（2008年・毎日コミュニケーションズ）
【ホームページ】
https://www.nexal.co.jp/

装丁・本文デザイン
秦 浩司

図版作成
室井浩明（スタジオアイズ）

DTP
SeaGrape

編集
傳 智之

お問い合わせについて
本書に関するご質問は、FAX、書面、下記のWebサイトの質問用フォームでお願いいたします。電話での直接のお問い合わせにはお答えできません。あらかじめご了承ください。ご質問の際には以下を明記してください。

●書籍名　●該当ページ　●返信先（メールアドレス）

ご質問の際に記載いただいた個人情報は質問の返答以外の目的には使用いたしません。お送りいただいたご質問には、できる限り迅速にお答えするよう努力しておりますが、お時間をいただくこともございます。なお、ご質問は本書に記載されている内容に関するもののみとさせていただきます。

問い合わせ先
〒162-0846 東京都新宿区市谷左内町21-13
株式会社技術評論社　書籍編集部
「営業を変えるマーケティング組織のつくりかた」係
FAX：03-3513-6183
Web：https://gihyo.jp/book/2021/978-4-297-11946-1

営業《えいぎょう》を変《か》えるマーケティング組織《そしき》のつくりかた
アナログ営業《えいぎょう》からデジタルマーケティングへ変革《へんかく》する

2021年 4月 9日　初版　第1刷発行

著　者　**上島千鶴《かみじまちづる》**
発行者　**片岡巌**
発行所　**株式会社技術評論社**
東京都新宿区市谷左内町21-13
電話：03-3513-6150　販売促進部
03-3513-6166　書籍編集部
印刷・製本　**昭和情報プロセス株式会社**

定価はカバーに表示してあります。

ISBN978-4-297-11946-1　C0034
Printed in Japan